- 최유리 지음 -

오늘부터
한 줄 여행 일본어

초판인쇄 2025년 08월 18일
초판발행 2025년 09월 01일

지은이 최유리
펴낸이 임승빈
펴낸곳 ECK북스
출판사 등록번호 제 2020-000303호
출판사 등록일자 2000. 2. 15
주소 서울시 마포구 창전로2길 27 [04098]
대표전화 02-733-9950 | **이메일** eck@eckedu.com

제작총괄 염경용
편집책임 정유항, 김하진 | **편집진행** 안현진 | **교정** 정은영
표지디자인 다원기획 | **내지디자인** MOON-C Design
마케팅 강다현 | **독자지원** 석원정혜 | **영상** 김선관 | **인쇄** 북토리

- ECK북스는 (주)이씨케이교육의 도서출판 브랜드로, 외국어 교재를 전문으로 출판합니다.
- 이 책의 모든 내용, 디자인, 이미지 및 구성의 저작권은 ECK북스에 있습니다.
- 출판사와 저자의 사전 허가 없이 이 책의 일부 또는 전부를 복제, 전재, 발췌하면 법적 제재를 받을 수 있습니다.
- 잘못된 책은 구입하신 서점에서 교환해 드립니다.

ISBN 979-11-6877-354-7
정가 20,000원

ECK교육 | 세상의 모든 언어를 담다
기업출강·전화외국어·비대면교육·온라인강좌·교재출판·통번역센터·평가센터

ECK교육 www.eckedu.com
ECK온라인강좌 www.eckonline.kr
ECK북스 www.eckbook.com

유튜브 www.youtube.com/@eck7687
네이버 블로그 blog.naver.com/eckedu
페이스북 www.facebook.com/ECKedu.main
인스타그램 @eck_official

최유리 지음

 **머리말**

일본 여행, 말 한 마디로 더 즐겁고 더 풍성하게!

일본은 우리에게 가장 친숙하면서도 매력적인 여행지입니다. 최근에는 혼자 떠나는 자유 여행, 맛집 탐방, 성지 순례, 지역 축제 참여 등 여행의 형태도 더욱 다양해지고 있지요. 하지만 아무리 가까운 나라라도 언어의 장벽은 존재합니다. 영어가 어느 정도 통용되는 다른 나라들과 달리, 일본은 일상적인 의사소통이 거의 일본어로 이루어지기 때문에 여행 중 예상치 못한 어려움을 겪는 분들이 많습니다.

"기본적인 인사말 정도 외워 갔는데, 막상 현지에서 머릿속이 하얘지더라고요."

"구글 번역기를 써도 상황에 딱 맞는 표현을 찾기가 어렵고 너무 기계적인 느낌이 나서 어색했어요."

이 책은 바로 그런 경험을 하신 분들, 혹은 일본 여행을 계획 중이면서 실용적인 일본어 표현을 부담 없이 익히고 싶은 분들을 위해 기획되었습니다. 하루에 단 한 문장, 짧고 간단하지만 여행 중 반드시 마주하게 되는 상황을 중심으로 구성된 일본어 문장을 매일 하나씩 학습하면서 여행에 필요한 핵심 표현들을 자연스럽게 익힐 수 있도록 했습니다.

"왜 '하루 한 문장'인가요?"

바쁜 일상 속에서 별도로 시간을 내어 언어 공부를 한다는 것은 생각보다 쉽지 않은 일입니다. 특히 여행을 앞두고 준비해야 할 것이 많은 시점에서는 언어 공부는 뒷전으로 밀리기 쉽죠. 하지만 하루 한 문장이라면 어떨까요? 아침에 커피 한 잔 마시면서, 지하철을 타고 출근하는 동안, 혹은 자기 전 5분의 짧은 시간만 투자해도 충분히 가능합니다. 중요한 것은 **'양'보다 '지속성'**입니다. 여행을 떠나기 전까지 매일 한 문장씩 쌓인 표현들은 여행지에서 예상치 못한 순간에 놀라운 힘을 발휘할 것입니다.

❶ 일상 여행 상황 중심 구성

공항, 호텔, 식당, 쇼핑, 교통, 관광지 등 일본 여행 중 자주 마주치는 실제 상황을 기반으로 문장을 엄선했습니다. 단순히 문장을 외우는 것이 아니라, 실제 상황에 바로 써먹을 수 있는 실용 표현으로 회화 연습도 할 수 있어요.

❷ 짧고 핵심적인 문장

문장 하나는 길지 않지만, 그 안에 여행자의 의도를 정확히 전달할 수 있는 표현만을 담았습니다. 또한 단어를 조금 바꿔 문장을 다양하게 응용할 수 있는 팁도 함께 제공해 활용도를 높였습니다.

❸ 정확한 발음과 자연스러운 회화체 제공

일본어를 처음 접하는 분들도 쉽게 따라할 수 있도록 한글 발음을 표기했습니다. 또한 실제 일본인들이 사용하는 자연스러운 회화체를 반영해, 현지에서의 어색함을 줄이고 자신 있게 말할 수 있도록 도와드립니다.

❹ 문화적 배경 설명

단순히 문장을 소개하는 것에 그치지 않고, 일본의 문화나 여행 관련 팁을 함께 담아 표현이 쓰이는 맥락을 이해하고 더 풍부하게 소통할 수 있도록 구성했습니다.

"이 책을 어떻게 활용하면 좋을까요?"

공부한 내용을 반복해서 읽고, 소리 내어 말해 보고, 실제 여행을 상상하며 문장을 입에 익히는 것이 중요합니다. 특히 여행을 떠나기 며칠 전부터는 복습하면서 머릿속에 표현들을 자연스럽게 떠올릴 수 있도록 연습해 보세요. 여러분의 일본 여행이 훨씬 풍요롭고 즐거워질 것입니다.

언어는 단순한 도구 그 이상입니다. 현지인의 언어로 인사를 건네고, 작은 부탁을 하고, 감사를 전할 수 있다는 것만으로도 여행의 질은 크게 달라집니다. 단 한 마디의 일본어가 낯선 이국땅에서 사람과 사람 사이의 거리를 훨씬 좁혀 주기도 하고, 때로는 예상치 못한 친절과 따뜻한 추억을 선물하기도 하죠. 완벽한 문법이나 유창한 발음보다 더 중요한 것은 **'말해 보려는 용기'**입니다. 이 책을 통해 그 용기를 조금씩 키워 나가시길 바랍니다.

이 책이 일본 여행을 준비 중이신 여러분께 작지만 확실한 도움이 되기를 진심으로 바랍니다. 매일 여러분의 일본어 실력이 차곡차곡 쌓이기를 기대하며, 멋진 여행을 응원합니다.

저자 최유리

 구성 및 특징

● **핵심 표현 익히기**
여행지에서 마주치게 되는 실제 상황에서 바로 쓸 수 있는 각 상황별 가장 대표적인 핵심 표현을 제시합니다. 이 표현만 익혀도 일본 여행이 한결 즐거워집니다.

Unit 003 입국 심사

입국 목적과 체류 기간에 대해 묻는 입국 심사에서도 긴장하지 않고 자연스럽게 일본어로 대답해 보세요.

핵심 표현 익히기　🎧 MP3 003-1

관광이에요.
かん こう
観光です。
캉꼬-데스

대화로 익히기

심사관

방문 목적은 무엇입니까?
ほうもん　もくてき　なん
訪問の 目的は 何ですか。
호-몬노 모꾸떼끼와 난데스까

관광이에요.
かんこう
観光です。
캉꼬-데스

유리

● 단어를 바꿔서 연습해 보세요.
出張(しゅっちょう) 슛쬬- 출장

단어　観光(かんこう) 관광　訪問(ほうもん) 방문　目的(もくてき) 목적

38

● **대화로 익히기**
핵심 표현을 활용한 짧은 대화를 통해 일본 현지에서 대화를 나누는 것처럼 생생한 실전 감각을 익힐 수 있습니다. 중요 단어를 바꿔가며 연습할 수 있어 다양한 응용 연습이 가능합니다.

● **단어를 바꿔서 연습해요!**
핵심 표현에 대체 가능한 단어들을 대입시켜 연습해 보세요. 문장의 활용도가 훨씬 높아져요.

응용 표현 익히기

각 상황별로 가장 자주 쓰이는 다양한 필수 응용 표현들을 선별해 제시하였습니다. 또한 팁 박스를 통해 해당 표현의 뉘앙스 및 주의점 등도 함께 익힐 수 있도록 구성하였습니다.

응용 표현 익히기 MP3 003-2

① 3일간 머물 예정입니다.
　３日間　滞在する　予定です。
　믹까깡 타이자이스루 요떼-데스

　３日間　滞在する　予定です。　▶ 문장을 쓰면서 익혀요.

② 어디에서 숙박하실 예정입니까?
　どこに　お泊まりの　予定ですか。
　도꼬니 오또마리노 요떼-데스까

　숙소 이름은 정확하게 알고 있는 게 좋아요.

따라 쓰며 익혀요!

'응용 표현 익히기'에 나온 문장들을 따라 써 보세요. 따라 쓰며 익히면 장기 기억에 효과적이라 해당 표현을 수월하게 내 것으로 만들 수 있어요.

カメラを　見て　ください。
카메라오 미떼 쿠다사이

TIP 알고 가면 더 재밌는 일본 상식 ▶ 일본의 연호

일본의 연호는 일왕의 즉위나 특별한 사건을 기념하여 정해지는 시대 이름이에요. 우리에게 가장 친숙한 연호는 메이지(明治). 일본에서는 현대에도 연호를 널리 사용해요. 각 연호는 두 개의 한자로 구성되어 있는데요, 현재 사용 중인 연호 '레이와(令和)'는, '아름답게 조화롭다'는 뜻을 지니고 있어요.

39

TIP 알고 가면 더 재밌는 일본 상식

각 과마다 일본 여행을 떠나기 전 미리 알아 두면 좋은 일본 문화와 생활 정보들을 제시해 놓았습니다. 아는 만큼 보인다고 하죠? 일본 여행이 한층 더 의미 있고 즐거워질 거예요.

MP3 무료 다운로드

본 교재의 MP3 파일은 www.eckbooks.kr에서 무료로 다운로드 받을 수 있습니다. QR 코드를 찍으면 다운로드 페이지로 이동합니다.

차례

머리말 4
구성 및 특징 6

Intro. 일본 여행, 이 정도는 알고 떠나요! 10

Chapter 1 공항 및 기내

Unit 001 / 기내 서비스 요청하기 34
Unit 002 / 입국 신고서 요청하기 36
Unit 003 / 입국 심사 38
Unit 004 / 짐 찾기 및 세관 신고 40
Unit 005 / 도심으로 이동하기 42

Chapter 2 호텔에서

Unit 006 / 호텔 도착 48
Unit 007 / 체크인 요청하기 50
Unit 008 / 체크인 수속 52
Unit 009 / 조식 관련 문의하기 54
Unit 010 / 추가 열쇠 요청하기 56
Unit 011 / 짐 맡기기 58
Unit 012 / 짐 찾기 60
Unit 013 / 비품 요청하기 62
Unit 014 / 고장 및 분실 신고 64
Unit 015 / 불만 사항 말하기 66
Unit 016 / 룸서비스 이용하기 68
Unit 017 / 호텔 시설 이용하기 70
Unit 018 / 주변 식당 추천받기 72
Unit 019 / 체크아웃 관련 문의 74
Unit 020 / 비품 빌리기 76
Unit 021 / 체크아웃하기 78
Unit 022 / 이동 수단 알아보기 80

Chapter 3 식사하기

Unit 023 / 식당 입구에서 86
Unit 024 / 예약 확인하기 88
Unit 025 / 대기 안내받기 90
Unit 026 / 자리 안내받기 92
Unit 027 / 금연석 요청하기 94
Unit 028 / 메뉴판 요청하기 96
Unit 029 / 메뉴 추천받기 98
Unit 030 / 메뉴 문의1 100
Unit 031 / 메뉴 문의2 102
Unit 032 / 주문하기 104
Unit 033 / 음식에 문제가 있을 때 106
Unit 034 / 추가 요청하기 108
Unit 035 / 비품 요청하기 110
Unit 036 / 패스트푸드 주문하기1 112
Unit 037 / 패스트푸드 주문하기2 114
Unit 038 / 음료 주문하기 116
Unit 039 / 특정 재료 제외 요청 118
Unit 040 / 식품 알레르기 여부 120
Unit 041 / 화장실 위치 묻기 122
Unit 042 / 식권 발매기 사용 124
Unit 043 / 와이파이 사용 126
Unit 044 / 계산하기1 128
Unit 045 / 계산하기2 130
Unit 046 / 결제 수단 말하기 132
Unit 047 / 영수증 받기 134

Chapter 4 쇼핑하기

Unit 048 / 상품 추천받기 140
Unit 049 / 착용해 보기 142
Unit 050 / 사이즈 문의하기 144
Unit 051 / 색상 문의하기 146

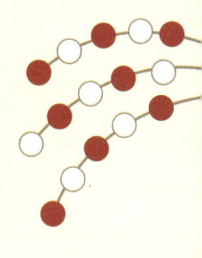

Unit 052 / 화장품 가게에서 148
Unit 053 / 약국에서 150
Unit 054 / 편의점에서 152
Unit 055 / 상품 위치 묻기 154
Unit 056 / 제품 문의 156
Unit 057 / 세일 여부 문의 158
Unit 058 / 소비세 문의 160
Unit 059 / 구매 결정하기 162
Unit 060 / 계산대 찾기 164
Unit 061 / 면세 문의하기 166
Unit 062 / 선물 포장 168
Unit 063 / 영수증 요청하기 170
Unit 064 / 제품 교환하기 172
Unit 065 / 사이즈 교환하기 174
Unit 066 / 반품 요청하기1 176
Unit 067 / 반품 요청하기2 178

Chapter 5 교통 및 길 찾기

Unit 068 / 길 찾기 184
Unit 069 / 소요 시간 묻기 186
Unit 070 / 이동 수단 묻기 188
Unit 071 / 방향 묻기 190
Unit 072 / 시설 위치 묻기 192
Unit 073 / 버스 정류장 묻기 194
Unit 074 / 버스 노선 묻기 196
Unit 075 / 버스 요금 묻기 198
Unit 076 / 버스 타기 200
Unit 077 / 역 위치 묻기 202
Unit 078 / 환승하기 204
Unit 079 / 승강장 확인하기 206
Unit 080 / 요금 정산하기 208
Unit 081 / 출구 찾기 210

Unit 082 / 매표소 찾기 212
Unit 083 / 열차 시간 알아보기 214
Unit 084 / 티켓 구매하기 216
Unit 085 / 택시에 짐 싣기 218
Unit 086 / 목적지 말하기 220
Unit 087 / 택시 요금 지불하기 222
Unit 088 / 렌터카 수속하기 224
Unit 089 / 렌터카 차량 확인 226
Unit 090 / 렌터카 옵션 확인 228
Unit 091 / 렌터카 문제 대처 230

Chapter 6 관광지에서

Unit 092 / 관광지 추천받기 236
Unit 093 / 입장권 구매하기 238
Unit 094 / 할인 혜택 알아보기 240
Unit 095 / 운영 시간 알아보기 242
Unit 096 / 투어 관련 문의 244
Unit 097 / 촬영 허가 구하기 246
Unit 098 / 사진 부탁하기 248
Unit 099 / 물건을 분실했을 때 250
Unit 100 / 갑자기 몸이 아플 때 252

부록 1 골프 일본어 10문장 258
부록 2 테니스 일본어 10문장 259
부록 3 스키 일본어 10문장 260

Intro. 일본 여행, 이 정도는 알고 떠나요!

Intro. 1 일본어의 문자와 발음

❶ 일본어 문자

일본어는 ひらがな(히라가나), カタカナ(가타카나), 漢字(한자) 세 종류의 문자를 사용해요.

① 히라가나
일본어의 가장 기본 문자로, 총 46개 글자가 있으며 모든 일본어와 한자 발음을 표기할 수 있어요.

② 가타카나
한자의 일부를 차용해서 만든 글자로 외래어를 표기하거나 의성어, 의태어, 또는 문장에서 특별히 강조하고 싶은 단어에 사용해요.

③ 한자(漢字)
단어나 문장의 내용을 전달하기 위해 한자로 표기하는 경우가 많아요.

❷ 훈독과 음독

일본어 한자를 읽는 방식으로 훈독과 음독 두 가지가 있어요.

훈독 한자의 뜻을 읽는 방법
음독 한자의 소리를 읽는 방법
후리가나 같은 한자라도 읽는 방법이 여러 가지이기 때문에 한자 위에 작은 글씨로 읽는 방법을 제시한 것을 말해요.

ひと ← 후리가나

人

	훈독	음독
우리말	사람(뜻)	인(소리)
일본어	ひと	じん, にん

≫ 청음1

히라가나 오십음도

히라가나는 일본어의 가장 기본 문자입니다. 오십음도이지만 실제 사용되지 않는 것을 빼면 46개예요.

50음도					
	あ단	い단	う단	え단	お단
あ행	あ [a 아]	い [i 이]	う [u 우]	え [e 에]	お [o 오]
か행	か [ka 카]	き [ki 키]	く [ku 쿠]	け [ke 케]	こ [ko 코]
さ행	さ [sa 사]	し [shi 시]	す [su 스]	せ [se 세]	そ [so 소]
た행	た [ta 타]	ち [chi 치]	つ [tsu 츠]	て [te 테]	と [to 토]
な행	な [na 나]	に [ni 니]	ぬ [nu 누]	ね [ne 네]	の [no 노]
は행	は [ha 하]	ひ [hi 히]	ふ [fu 후]	へ [he 헤]	ほ [ho 호]
ま행	ま [ma 마]	み [mi 미]	む [mu 무]	め [me 메]	も [mo 모]
や행	や [ya 야]		ゆ [yu 유]		よ [yo 요]
ら행	ら [ra 라]	り [ri 리]	る [ru 루]	れ [re 레]	ろ [ro 로]
わ행	わ [wa 와]				を [wo 오]
					ん [n - ㄴ]

일본어의 문자와 발음

》 청음2
가타카나 오십음도
가타카나는 외래어나 의성어·의태어, 강조하고 싶은 단어에 쓰이며 히라가나와 마찬가지로 46개예요.

	あ단	い단	う단	え단	お단
50음도					
あ행	ア [a 아]	イ [i 이]	ウ [u 우]	エ [e 에]	オ [o 오]
か행	カ [ka 카]	キ [ki 키]	ク [ku 쿠]	ケ [ke 케]	コ [ko 코]
さ행	サ [sa 사]	シ [shi 시]	ス [su 스]	セ [se 세]	ソ [so 소]
た행	タ [ta 타]	チ [chi 치]	ツ [tsu 츠]	テ [te 테]	ト [to 토]
な행	ナ [na 나]	ニ [ni 니]	ヌ [nu 누]	ネ [ne 네]	ノ [no 노]
は행	ハ [ha 하]	ヒ [hi 히]	フ [fu 후]	ヘ [he 헤]	ホ [ho 호]
ま행	マ [ma 마]	ミ [mi 미]	ム [mu 무]	メ [me 메]	モ [mo 모]
や행	ヤ [ya 야]		ユ [yu 유]		ヨ [yo 요]
ら행	ラ [ra 라]	リ [ri 리]	ル [ru 루]	レ [re 레]	ロ [ro 로]
わ행	ワ [wa 와]				ヲ [wo 오]
					ン [n - ㄴ]

》탁음, 반탁음

❶ 탁음

탁음(濁音)은 글자 오른쪽 위에 탁점(")을 붙인 글자를 말해요. 탁점을 붙인 글자는 청음과 소리가 달라집니다. 탁점을 붙일 수 있는 글자는 か, さ, た, は행이에요. 히라가나와 가타카나에 모두 적용할 수 있어요.

か행	が [ga 가] ガ [ga 가]	ぎ [gi 기] ギ [gi 기]	ぐ [gu 구] グ [gu 구]	げ [ge 게] ゲ [ge 게]	ご [go 고] ゴ [go 고]
さ행	ざ [za 자] ザ [za 자]	じ [ji 지] ジ [ji 지]	ず [zu 즈] ズ [zu 즈]	ぜ [ze 제] ゼ [ze 제]	ぞ [zo 조] ゾ [zo 조]
た행	だ [da 다] ダ [da 다]	ぢ [ji 지] ヂ [ji 지]	づ [zu 즈] ヅ [zu 즈]	で [de 데] デ [de 데]	ど [do 도] ド [do 도]
は행	ば [ba 바] バ [ba 바]	び [bi 비] ビ [bi 비]	ぶ [bu 부] ブ [bu 부]	べ [be 베] ベ [be 베]	ぼ [bo 보] ボ [bo 보]

tip じ·ず와 ぢ·づ는 같은 발음입니다. 일반적으로는 じ·ず를 사용하며, ぢ·づ는 복합어 또는 같은 음의 반복으로 인해 탁음화가 되는 등의 경우에 사용해요. 예 코피 はなぢ(코 はな + 피 ち), 계속되다 つづく

❷ 반탁음

반탁음(半濁音)은 글자 오른쪽 위에 반탁점(°)을 붙인 글자를 말해요. 반탁점을 붙인 글자는 청음과 소리가 달라집니다. 반탁점은 は행에만 붙일 수 있어요. 히라가나와 가타카나에 모두 적용할 수 있어요.

は행	ぱ [pa 파] パ [pa 파]	ぴ [pi 피] ピ [pi 피]	ぷ [pu 푸] プ [pu 푸]	ぺ [pe 페] ペ [pe 페]	ぽ [po 포] ポ [po 포]

일본어의 문자와 발음

》 요음

요음(拗音)은 い단의 글자 오른편 아래에 や·ゆ·よ를 작게 붙여 써서 한 음절로 발음하는 문자입니다. 단, い에는 붙이지 않아요. 이때 や·ゆ·よ를 작게 쓸 때와 い단의 글자와 같은 크기로 쓸 때, 다음과 같은 차이가 있으니 주의하세요. 요음은 히라가나와 가타카나에 모두 적용할 수 있고, 청음, 탁음, 반탁음에도 그대로 사용할 수 있어요.

びょういん [뵤-잉] 병원

びようしん [비요-잉] 미용원, 미용실

き	きゃ [kya 캬] キャ [kya 캬]	きゅ [kyu 큐] キュ [kyu 큐]	きょ [kyo 쿄] キョ [kyo 쿄]
し	しゃ [sha 샤] シャ [sha 샤]	しゅ [shu 슈] シュ [shu 슈]	しょ [sho 쇼] ショ [sho 쇼]
ち	ちゃ [cha 차] チャ [cha 차]	ちゅ [chu 추] チュ [chu 추]	ちょ [cho 초] チョ [cho 초]
に	にゃ [nya 냐] ニャ [nya 냐]	にゅ [nyu 뉴] ニュ [nyu 뉴]	にょ [nyo 뇨] ニョ [nyo 뇨]
ひ	ひゃ [hya 햐] ヒャ [hya 햐]	ひゅ [hyu 휴] ヒュ [hyu 휴]	ひょ [hyo 효] ヒョ [hyo 효]
み	みゃ [mya 먀] ミャ [mya 먀]	みゅ [myu 뮤] ミュ [myu 뮤]	みょ [myo 묘] ミョ [myo 묘]
り	りゃ [rya 랴] リャ [rya 랴]	りゅ [ryu 류] リュ [ryu 류]	りょ [ryo 료] リョ [ryo 료]
ぎ	ぎゃ [gya 갸] ギャ [gya 갸]	ぎゅ [gyu 규] ギュ [gyu 규]	ぎょ [gyo 교] ギョ [gyo 교]
じ	じゃ [ja 자] ジャ [ja 자]	じゅ [ju 주] ジュ [ju 주]	じょ [jo 조] ジョ [jo 조]
び	びゃ [bya 뱌] ビャ [bya 뱌]	びゅ [byu 뷰] ビュ [byu 뷰]	びょ [byo 뵤] ビョ [byo 뵤]
ぴ	ぴゃ [pya 퍄] ピャ [pya 퍄]	ぴゅ [pyu 퓨] ピュ [pyu 퓨]	ぴょ [pyo 표] ピョ [pyo 표]

≫ 발음, 촉음, 장음

❶ 발음

발음(撥音)은 ん이며, 뒤에 따라오는 글자에 따라서 소리가 달라져요. 우리말의 받침과 비슷한 역할을 하지만, 다른 점은 발음은 한 음절의 길이를 갖는다는 거예요.

[-ㄴ]로 발음	ん + さ・ざ・た・だ・な・ら행	せんせい [센세-] 선생님	もんだい [몬다이] 문제
[-ㅁ]로 발음	ん + ま・ば・ぱ행	さんま [삼마] 꽁치	かんぱい [캄빠이] 건배
[-ㅇ]로 발음	ん + か・が행	にんき [닝끼] 인기	まんが [망가] 만화
[-ㄴ] 또는 [-ㅇ]로 발음	ん + あ・は・や・わ행, 단어 끝	ほんや [홍야] 서점	でんわ [뎅와] 전화

❷ 촉음

촉음(促音)은 つ를 작게 쓴 글자로 뒤에 오는 글자에 따라서 소리가 달라져요. 우리말의 받침과 비슷한 역할을 하지만, 다른 점은 한 음절의 길이를 갖는다는 거예요. 이때 つ를 작게 쓸 때와 앞 글자와 같은 크기로 쓸 때 다음과 같은 차이가 있으니 주의하세요.

    いっか　[익까] 1과(1課)

    いつか　[이쯔까] 언젠가

[-ㄱ]로 발음	っ + か행	にっき [닉끼] 일기	さっか [삭까] 작가
[-ㅅ]로 발음	っ + さ・た행	ざっし [잣시] 잡지	みっつ [밋쯔] 세 개
[-ㅂ]로 발음	っ + ぱ행	きっぷ [킵뿌] 표	いっぱい [입빠이] 가득

일본어의 문자와 발음

❸ 장음

장음(長音)은 길게 소리 내는 것을 말하는데, あ·い·う·え·お 앞에 같은 단의 글자가 오면 앞에 오는 글자를 장음으로 발음할 수 있어요. 가타카나의 경우는 ―로 표기합니다. 이때 정확하게 구별해서 발음하지 않으면, 다음과 같은 차이가 있으니 주의하세요.

おばさん [오바상] 아주머니, 이모, 고모
おばあさん [오바-상] 할머니

단	규칙	예 1		예 2	
あ단	あ단 뒤에 あ	おかあさん	[오까-상]	おばあさん	[오바-상]
		어머니		할머니	
い단	い단 뒤에 い	おにいさん	[오니-상]	おじいさん	[오지-상]
		형/오빠		할아버지	
う단	う단 뒤에 う	りゆう	[리유-]	せんしゅう	[센슈-]
		이유		지난주	
え단	え단 뒤에 え 또는 い	おねえさん	[오네-상]	せんせい	[센세-]
		누나/언니		선생님	
お단	お단 뒤에 お 또는 う	こおり	[코-리]	とうふ	[토-후]
		얼음		두부	

형용사의 이해

❶ い형용사

い형용사는 어미가 い로 끝나며, 상태나 감정 등을 표현해요.

예 おいしい		현재	과거
긍정	보통	おいしい 맛있다	おいしかった 맛있었다
	정중	おいしいです 맛있습니다	おいしかったです 맛있었습니다
부정	보통	おいしくない 맛있지 않다	おいしくなかった 맛있지 않았다
	정중1	おいしくないです 맛있지 않아요	おいしくなかったです 맛있지 않았어요
	정중2	おいしくありません 맛있지 않습니다	おいしくありませんでした 맛있지 않았습니다

어간 おいし 는 변하지 않는 부분이에요.

예 やすい		현재	과거
긍정	보통	やすい 싸다	やすかった 쌌다
	정중	やすいです 쌉니다	やすかったです 쌌습니다
부정	보통	やすくない 싸지 않다	やすくなかった 싸지 않았다
	정중1	やすくないです 싸지 않아요	やすくなかったです 싸지 않았어요
	정중2	やすくありません 싸지 않습니다	やすくありませんでした 싸지 않았습니다

어간 やす 는 변하지 않는 부분이에요.

연결형: い를 くて로

おいしい + やすい	おいしくて やすいです 맛있고 쌉니다
やすい + おいしい	やすくて おいしいです 싸고 맛있습니다

명사수식형: 기본형 그대로

おいしい + さしみ	おいしい さしみ 맛있는 생선회
やすい + すし	やすい すし 싼 초밥

19

Intro. 2 형용사의 이해

★ **예외 い형용사 いい・よい** : 둘 다 '좋다'라는 뜻인데, 어미를 바꾸는 활용을 할 때 반드시 よい를 사용해요.

		현재	과거
긍정	보통	いい 좋다	よかった 좋았다
	정중	いいです 좋습니다	よかったです 좋았습니다
부정	보통	よくない 좋지 않다	よくなかった 좋지 않았다
	정중1	よくないです 좋지 않아요	よくなかったです 좋지 않았어요
	정중2	よくありません 좋지 않습니다	よくありませんでした 좋지 않았습니다

연결형: よくて

いい + やすい	よくて やすいです 좋고 쌉니다

❷ な형용사

な형용사는 어미가 だ로 끝나며, 상태나 감정 등을 표현해요.

예 らくだ		현재	과거
긍정	보통	らくだ 편하다	らくだった 편했다
	정중	らくです 편합니다	らくでした 편했습니다
부정	보통	らくではない 편하지 않다	らくではなかった 편하지 않았다
	정중1	らくではないです 편하지 않아요	らくではなかったです 편하지 않았어요
	정중2	らくではありません 편하지 않습니다	らくではありませんでした 편하지 않았습니다

* では = じゃ

어간 らく는 변하지 않는 부분이에요.

예 すきだ	현재	과거
긍정 보통	すきだ 좋아한다	すきだった 좋아했다
긍정 정중	すきです 좋아합니다	すきでした 좋아했습니다
부정 보통	すきではない 좋아하지 않는다	すきではなかった 좋아하지 않았다
부정 정중1	すきではないです 좋아하지 않아요	すきではなかったです 좋아하지 않았어요
부정 정중2	すきではありません 좋아하지 않습니다	すきではありませんでした 좋아하지 않았습니다

* では = じゃ

어간 すき는 변하지 않는 부분이에요.

연결형: だ를 で로

らくだ+すきだ	らくで すきです 편하고 좋아합니다/편해서 좋아합니다
すきだ+らくだ	すきで らくです 좋아하고 편합니다/좋아해서 편합니다

명사수식형: だ를 な로

らくだ+ベッド	らくな ベッド 편한 침대
すきだ+ひと	すきな ひと 좋아하는 사람

Intro. 3 동사의 이해

❶ 동사의 종류

일본어 동사는 세 개의 그룹으로 나눌 수 있어요.

❶ 1그룹 동사 : 2, 3그룹을 제외한 모든 동사

1그룹의 예	あう 만나다　まつ 기다리다　うる 팔다 しぬ 죽다　あそぶ 놀다　よむ 읽다 かく 쓰다　およぐ 헤엄치다　はなす 이야기하다

❷ 2그룹 동사 : 두 개의 조건을 충족하는 동사

조건1　마지막 글자가 る로 끝남

조건2　る의 바로 앞 글자가 い단 또는 え단임 (모음이 'ㅣ' 또는 'ㅔ' 발음)

2그룹의 예	い단+る	みる 보다　おきる 일어나다
	え단+る	ねる 자다　たべる 먹다

❸ 3그룹 동사 : 불규칙 동사 두 개

3그룹	する 하다　くる 오다

★ 예외 1그룹 동사 : 모양은 2그룹이지만 1그룹인 동사

예외 1그룹의 예	かえる(帰る) 돌아가다　はいる(入る) 들어가다 きる(切る) 자르다　いる(要る) 필요하다 はしる(走る) 달리다　しる(知る) 알다

동사의 정중형

❶ 그룹별 동사의 ます형(정중형) 만들기

1그룹 : 마지막 글자인 어미를 い단으로 바꾸고 ます를 붙이세요.

기본형	ます형
会う 만나다	会います 만나요
待つ 기다리다	待ちます 기다려요
売る 팔다	売ります 팔아요
死ぬ 죽다	死にます 죽어요
遊ぶ 놀다	遊びます 놀아요
読む 읽다	読みます 읽어요
書く 쓰다	書きます 써요
泳ぐ 헤엄치다	泳ぎます 헤엄쳐요
話す 이야기하다	話します 이야기해요

★ **예외 1그룹** : 1그룹과 같은 방법으로 마지막 글자인 어미를 い단으로 바꾸고 ます를 붙이세요.

기본형	ます형
帰る 돌아가다/돌아오다	帰ります 돌아가요/돌아와요
入る 들어가다/들어오다	入ります 들어가요/들어와요
切る 자르다	切ります 잘라요
要る 필요하다	要ります 필요해요
走る 달리다	走ります 달려요
知る 알다	知ります 알아요

2그룹 : 마지막 글자인 어미 る를 지우고 ます를 붙이세요.

기본형	ます형
見る 보다	見ます 봐요
起きる 일어나다	起きます 일어나요
食べる 먹다	食べます 먹어요
寝る 자다	寝ます 자요

3그룹 : 불규칙

기본형	ます형
する 하다	します 해요
来る 오다	来ます 와요

동사의 연결형과 과거형

❶ 그룹별 동사의 て형(연결형)과 た형(과거형) 만들기

1그룹 : 마지막 글자인 어미를 て형/た형 만드는 장치로 바꾸세요.

동사 기본형의 마지막 글자	て형을 만드는 장치
う, つ, る	って
ぬ, ぶ, む	んで
く	いて
ぐ	いで
す	して

う, つ, る로 끝나는 동사 : 어미를 지우고 +って/った

동사 기본형	て형	た형
会う 만나다	会って 만나고, 만나서	会った 만났다
待つ 기다리다	待って 기다리고, 기다려서	待った 기다렸다
売る 팔다	売って 팔고, 팔아서	売った 팔았다

ぬ, ぶ, む로 끝나는 동사 : 어미를 지우고 +んで/んだ

동사 기본형	て형	た형
死ぬ 죽다	死んで 죽고, 죽어서	死んだ 죽었다
遊ぶ 놀다	遊んで 놀고, 놀아서	遊んだ 놀았다
読む 읽다	読んで 읽고, 읽어서	読んだ 읽었다

く로 끝나는 동사 : 어미를 지우고 +いて/いた

동사 기본형	て형	た형
書く 쓰다	書いて 쓰고, 써서	書いた 썼다

★ **예외 동사** : 行く 가다 → 行って 가고, 가서 / 行った 갔다

동사의 연결형과 과거형

ぐ로 끝나는 동사 : 어미를 지우고 +いで/いだ

동사 기본형	て형	た형
泳ぐ 헤엄치다	泳いで 헤엄치고, 헤엄쳐서	泳いだ 헤엄쳤다

す로 끝나는 동사 : 어미를 지우고 +して/した

동사 기본형	て형	た형
話す 이야기하다	話して 이야기하고, 이야기해서	話した 이야기했다

★ **예외 1그룹** : 1그룹과 같은 방법으로 어미를 て형/た형 만드는 장치(って/った)로 바꾸세요.

동사 기본형	て형	た형
帰る 돌아가다	帰って 돌아가고, 돌아가서	帰った 돌아갔다
入る 들어가다	入って 들어가고, 들어가서	入った 들어갔다

2그룹 : 어미 る를 지우고 て/た를 붙이세요.

동사 기본형	て형	た형
食べる 먹다	食べて 먹고, 먹어서	食べた 먹었다
見る 보다	見て 보고, 봐서	見た 봤다

3그룹 : 불규칙

동사 기본형	て형	た형
する 하다	して 하고, 해서	した 했다
来る 오다	来て 오고, 와서	来た 왔다

Intro. 6 일본의 지역별 특징(간사이 vs. 간토)

일본은 홋카이도, 혼슈, 시코쿠, 규슈의 4개의 주요 섬과 그 주위에 있는 수많은 작은 섬들로 이루어진 섬나라입니다. 그런데 일본 내에서도 간사이 지역과 간토 지역은 지리적, 역사적, 문화적 차이로 인해 사람들의 성격과 생활 방식에서 뚜렷한 구분이 나타나 일본 여행 시 미리 알아 두면 한층 흥미로운 여행을 할 수 있답니다.

① 지리적 차이

간토 지역은 도쿄를 중심으로 한 혼슈 동부에 위치하며, 이바라키, 도치기, 군마, 사이타마, 지바, 가나가와 등 1도 6현으로 구성되어 있어요. 그리고 간사이 지역은 오사카와 교토를 중심으로 하며, 미에, 시가, 효고, 나라, 와카야마 등 2부 5현으로 이루어져 있어요.

② 역사적 배경

간사이 지역은 일본의 고대 수도인 교토와 나라가 위치해 있어 전통 문화의 발상지로 여겨지는데요, 에도 시대에 정치 중심지가 간토의 도쿄로 이전하면서 두 지역 간의 문화적 차이가 심화되었어요. 간사이에서 생겨난 문화는 일본 전통 문화의 중요한 요소로 자리 잡았으며, 간토에서는 새로운 문화가 발전했어요.

③ 문화적 차이

❶ 성격
간토 사람들은 일반적으로 이성적이고 감정을 절제하는 경향이 있으며 원칙을 중시해요. 반면 간사이 사람들은 외향적이고 감정을 잘 표현하며 유머 감각이 뛰어난 것으로 알려져 있어요.

❷ 음식
간사이와 간토는 음식 문화에도 다음과 같은 차이가 있어요.
다시(맛국물): 간토는 가다랑어포를 사용하는 반면, 간사이는 다시마를 사용해요.
장어 요리: 간토에서는 장어의 등을 가르는 '세비라키' 방식으로 조리하고, 간사이는 배를 가르는 '하라비라키' 방식을 선호해요.
스키야키: 간토에서는 국물에 재료를 넣고 끓이는 반면, 간사이에서는 고기를 먼저 굽고 나중에 야채를 추가하는 방식이에요.

❸ 일상 생활
에스컬레이터: 간토에서는 왼쪽에 서고 오른쪽을 비우는 것이 보통이며, 간사이에서는 오른쪽에 서는 것이 보통이에요.

Intro. 7 대표적인 일본 음식 Best 10

① 스시 すし

스시는 초밥과 해산물을 조합한 요리로, 신선한 생선과 밥이 어우러진 다양한 형태가 있어요.

② 라멘 ラーメン

라멘은 국물이 있는 면 요리로, 다양한 육수와 면 종류가 있어 많은 사랑을 받는 일본 음식이에요. 돼지고기, 소고기, 해산물 등으로 만든 육수를 사용하며, 각 지역마다 특색 있는 스타일이 있어요.

③ 돈가스 豚カツ

돈가스는 두꺼운 돼지고기를 튀겨낸 요리로, 바삭한 식감과 부드러운 속이 특징으로 일반적으로 양배추 샐러드와 함께 나와요.

④ 덴푸라 天ぷら

덴푸라는 해산물이나 채소를 튀긴 요리로, 바삭한 튀김옷이 특징이며 간장 소스나 소금과 함께 즐겨요.

⑤ 가쓰돈 カツ丼

가쓰돈은 돈가스를 덮밥 형태로 밥에 얹어 만든 요리로, 계란과 양파를 곁들여 조리하는데요, 간편하면서도 맛이 있어 여행 중 한 끼 식사로 추천드려요.

대표적인 일본 음식 Best 10

⑥ 우동　うどん

우동은 두꺼운 밀면으로, 따뜻한 국물이나 차가운 소스와 함께 제공되고, 쫄깃한 식감이 매력적이에요.

⑦ 가라아게　からあげ

가라아게는 간장으로 양념한 닭고기를 튀긴 요리로, 바삭하면서도 육즙이 살아 있어요. 일본식 프라이드 치킨이라고 할 수 있어요.

⑧ 야키토리　焼き鳥

야키토리는 닭고기를 꼬치에 꿰어 구운 요리로, 소금이나 간장 소스로 간을 하는데요, 이자카야에서 자주 볼 수 있는 인기 메뉴예요.

⑨ 오코노미야키　お好み焼き

오코노미야키는 일본식 빈대떡으로, 밀가루 반죽에 다양한 재료를 넣어 구워 낸 요리예요. 각 지역마다 특색 있는 스타일이 있어요.

⑩ 스키야키　すき焼き

스키야키는 일본의 대표적인 전골 요리 중 하나로, 얇게 썬 쇠고기와 야채를 간장 소스에 졸여 먹는 음식이에요. 보통 날계란을 풀어 찍어 먹는 방식으로 즐겨요.

일본의 화폐

일본의 화폐 단위는 엔(円)이고, 기호는 ¥로 표시해요. 일본에서 사용되는 화폐는 지폐와 동전으로 나뉘며, 각각의 종류는 다음과 같아요.

❶ 지폐

일본의 지폐는 4종류가 있어요.

1,000엔 : 앞면에는 기타자토 시바사부로의 초상이 그려져 있으며, 뒷면에는 에도 시대의 우키요에 '후가쿠 36경'이 그려져 있어요.

2,000엔 : 비교적 드물게 사용되며, 앞면에는 오키나와 슈레이몬이 그려져 있고, 뒷면에는 겐지모노가타리가 그려져 있어요.

5,000엔 : 앞면에는 쓰다 우메코가 그려져 있으며, 뒷면에는 등나무 꽃이 있어요.

10,000엔 : 가장 고액의 지폐로, 앞면에는 시부자와 에이이치의 초상이 그려져 있으며, 뒷면에는 도쿄역이 그려져 있어요.

❷ 동전

일본의 동전은 6종류가 있어요.

1엔 동전   5엔 동전

10엔 동전   50엔 동전

100엔 동전   500엔 동전

Intro. 9 대표적인 인사말 Best 10

🎧 MP3 000-1

1	おはようございます。 [오하요-고자이마스]	안녕하세요. (아침 인사)
2	こんにちは。 [콘니찌와]	안녕하세요. (낮 인사)
3	こんばんは。 [콤방와]	안녕하세요. (저녁 인사)
4	はじめまして。 [하지메마시떼]	처음 뵙겠습니다.
5	よろしく おねがいします。 [요로시꾸 오네가이시마스]	잘 부탁드립니다.
6	ありがとうございます。 [아리가또-고자이마스]	감사합니다.
7	すみません。 [스미마셍]	죄송합니다. / 실례합니다.
8	さようなら。 [사요-나라]	안녕히 가세요.
9	おつかれさまでした。 [오쯔까레사마데시따]	수고하셨습니다.
10	おやすみなさい。 [오야스미나사이]	잘 자요. / 안녕히 주무세요.

Chapter 1 공항 및 기내

설레는 마음으로 일본 여행을 떠나는 길, 비행기 안과 공항은 그 시작점이에요.
간단한 일본어 표현만 알아 두어도 여행이 훨씬 즐겁고 여유로워집니다.
지금부터 여행의 첫 순간을 위한 필수 표현들을 배워 볼까요?

Unit 001 기내 서비스 요청하기

두근두근 일본 여행의 시작! 기내에서 필요한 것을 일본어로 당당하게 말해 보세요.

핵심 표현 익히기

🎧 MP3 001-1

커피 주세요.
コーヒー ください。
코-히- 쿠다사이

대화로 익히기

승무원

음료는 뭘로 하시겠어요?
お飲み物は 何に なさいますか。
오노미모노와 나니니 나사이마스까

커피 주세요.
コーヒー ください。
코-히- 쿠다사이

유리

● 단어를 바꿔서 연습해 보세요.
ビール 비-루 맥주
お水(おみず) 오미즈 물

단어 コーヒー 커피   飲み物(のみもの) 마실 것, 음료 물

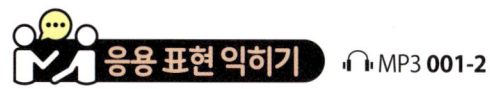 응용 표현 익히기 　MP3 001-2

① 스테이크로 할게요.

ステーキに します。

스떼-끼니 시마스

ステーキに します。　　　　　▶ 문장을 쓰면서 익혀요.

② 이 와인을 사고 싶은데요.

この ワインを 買いたいですが。

코노 와잉오 카이따이데스가

③ 담요를 부탁합니다.

毛布を お願いします。

모-후오 오네가이시마스

 물건을 요청할 때 ください(쿠다사이) 대신 おねがいします(오네가이시마스)를 사용하면 더 부드러운 느낌을 줘요.

④ 속이 안 좋습니다. 약을 부탁합니다.

気分が 悪いです。薬を お願いします。

키붕가 와루이데스 쿠스리오 오네가이시마스

TIP 알고 가면 더 재밌는 일본 상식 ▶ **일본의 황금연휴 '골든위크'**

골든위크(ゴールデンウィーク)는 4월 말에서 5월 초에 걸친 일본의 대표적인 황금연휴예요. 골든위크에는 일본 전역의 관광지 물가가 크게 오르고 혼잡하죠. 따라서 이 시기에는 가급적 일본 여행을 피하는 것이 좋습니다.

4월 29일 쇼와의 날(昭和の日)　　　5월 3일 헌법기념일(憲法記念日)
5월 4일 녹색의 날(みどりの日)　　　5월 5일 어린이날(こどもの日)

입국 신고서 요청하기

일본 입국의 관문, 입국 신고서와 세관 신고서를 기내에서 미리 준비하고 여유 있게 입국 신고하세요!

핵심 표현 익히기

🎧 MP3 **002-1**

입국 신고서 주시겠어요?
にゅうこくしんこくしょ
入国申告書 もらえますか。

뉴-꼬꾸싱꼭쇼 모라에마스까

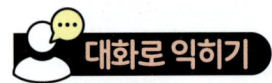
대화로 익히기

유리

입국 신고서 주시겠어요?
にゅうこくしんこくしょ
入国申告書 もらえますか。
뉴-꼬꾸싱꼭쇼 모라에마스까

네, 여기 있습니다.
はい、どうぞ。
하이 도-조

승무원

단어 入国申告書(にゅうこくしんこくしょ) 입국 신고서　もらえる 받을 수 있다(もらう의 가능형)

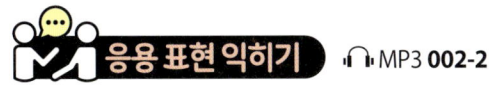 응용 표현 익히기 MP3 002-2

1 두 장 주세요.

2枚 ください。

니마이 쿠다사이

2枚 ください。 ▶ 문장을 쓰면서 익혀요.

2 가족이신가요?

ご家族で いらっしゃいますか。

고까조꾸데이랏샤이마스까

3 펜을 빌려주시겠어요?

ペンを 貸して もらえますか。

펭오 카시떼 모라에마스까

> もらえますか(모라에마스까) 대신에 ください(쿠다사이)를 사용해도 돼요.

4 세관 신고서 주시겠어요?

税関申告書 もらえますか。

제-깐싱꼭쇼 모라에마스까

> 세관 신고서는 가족당 한 장만 작성하면 돼요.

 **TIP** 알고 가면 더 재밌는 일본 상식 ▶ 비지트 재팬 웹(Visit Japan Web)

일본 여행을 떠나기 전 Visit Japan Web으로 일본 입국 심사와 세관 심사를 미리 준비하세요. Visit Japan Web은 일본 입국 시 온라인으로 입국 심사와 세관 신고를 미리 등록할 수 있는 서비스예요. QR 코드를 통해 빠르고 간편한 입국 절차를 제공해요.

Unit 003 입국 심사

입국 목적과 체류 기간에 대해 묻는 입국 심사에서도 긴장하지 않고 자연스럽게 일본어로 대답해 보세요.

핵심 표현 익히기

🎧 MP3 003-1

관광이에요.
観光です。
캉꼬-데스

대화로 익히기

방문 목적은 무엇입니까?
訪問の 目的は 何ですか。
호-몬노 모꾸떼끼와 난데스까

심사관

관광이에요.
観光です。
캉꼬-데스

유리

● 단어를 바꿔서 연습해 보세요.
出張(しゅっちょう) 슛쪼- 출장

단어 観光(かんこう) 관광   訪問(ほうもん) 방문   目的(もくてき) 목적

응용 표현 익히기 🎧 MP3 003-2

1 3일간 머물 예정입니다.

3日間 滞在する 予定です。
みっかかん たいざい よてい

믹까깡 타이자이스루 요떼-데스

3日間 滞在する 予定です。　　　　　　　▶ 문장을 쓰면서 익혀요.

---

2 어디에서 숙박하실 예정입니까?

どこに お泊まりの 予定ですか。
と よてい

도꼬니 오또마리노 요떼-데스까

> 숙소 이름은 정확하게 알고 있는 게 좋아요.

---

3 양손의 검지를 여기(스크린 위)에 놓아 주세요.

両手の 人差し指を ここに 置いて ください。
りょうて ひとさ ゆび お

료-떼노 히또사시유비오 코꼬니 오이떼 쿠다사이

---

4 카메라를 봐 주세요.

カメラを 見て ください。
み

카메라오 미떼 쿠다사이

TIP 알고 가면 더 재밌는 일본 상식 ▶ 일본의 연호

일본의 연호는 일왕의 즉위나 특별한 사건을 기념하여 정해지는 시대 이름이에요. 우리에게 가장 친숙한 연호는 메이지(明治). 일본에서는 현대에도 연호를 널리 사용해요. 각 연호는 두 개의 한자로 구성되어 있는데요, 현재 사용 중인 연호 '레이와(令和)'는, '아름답게 조화롭다'는 뜻을 지니고 있어요.

Unit 004 짐 찾기 및 세관 신고

입국 심사 통과 후에는 짐을 찾아서 세관을 통과하게 되는데, 이때 사용하는 말을 배워 볼게요.

핵심 표현 익히기

🎧 MP3 004-1

짐은 어디에서 찾나요?
荷物は どこで 受取りますか。
니모쯔와 도꼬데 우께또리마스까

대화로 익히기

유리

짐은 어디에서 찾나요?
荷物は どこで 受取りますか。
니모쯔와 도꼬데 우께또리마스까

저쪽입니다.
あちらです。
아찌라데스

공항 직원

● 단어를 바꿔서 연습해 보세요.
一階(いっかい) 익까이 1층
こちら 코찌라 이쪽

단어 荷物(にもつ) 짐   受取る(うけとる) 수취하다, 받다

응용 표현 익히기 🎧 MP3 004-2

1 제 짐이 없어요.

私の 荷物が ありません。

와따시노 니모쯔가 아리마셍

私の 荷物が ありません。   ▶ 문장을 쓰면서 익혀요.

2 신고할 물건은 없나요?

申告する ものは ありませんか。

싱꼬꾸스루 모노와 아리마셍까

> 미리 작성한 세관 신고서 또는 비지트 재팬 웹의 QR 코드를 세관 직원에게 제시하세요.

3 가방을 열어 주세요.

かばんを 開けて ください。

카방오 아께떼 쿠다사이

4 짐은 이게 전부인가요?

お荷物は これが 全部ですか。

오니모쯔와 코레가 젬부데스까

TIP 알고 가면 더 재밌는 일본 상식 ▶ 일본의 기후

일본의 지형은 남북으로 긴 열도로 되어 있기 때문에 지역별로 기후가 다양해요. 우리나라처럼 사계절이 뚜렷하지만, 홋카이도는 냉대 습윤 기후에 속하고, 본토 대부분은 온대 습윤 기후, 오키나와 등 남쪽에 위치한 섬들은 아열대 기후에 속합니다. 연평균 강수량은 1,000~1,400mm로, 지역에 따라 차이가 커요.

Unit 005 도심으로 이동하기

이제 본격적인 일본 여행의 시작이네요. 공항에서 도심부로 갈 때 사용할 수 있는 다양한 문장을 알아볼게요.

핵심 표현 익히기

🎧 MP3 005-1

표는 어디에서 살 수 있나요?

切符は どこで 買えますか。

킵뿌와 도꼬데 카에마스까

대화로 익히기

유리

리무진 버스 표는 어디에서 살 수 있나요?
リムジンバスの 切符は どこで 買えますか。
리무진바스노 킵뿌와 도꼬데 카에마스까

저쪽 매표소에서 살 수 있어요.
あそこの 切符売り場で 買えます。
아소꼬노 킵뿌우리바데 카에마스

공항 직원

● 단어를 바꿔서 연습해 보세요.
乗車券販売機(じょうしゃけんはんばいき)
죠-샤껭함바이끼 승차권 판매기

단어 切符(きっぷ) 표, 티켓   買える(かえる) 살 수 있다   リムジンバス 리무진 버스

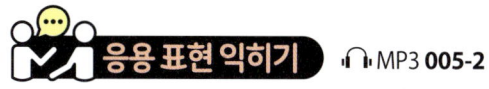

응용 표현 익히기 🎧 MP3 005-2

1 안내 센터는 어디인가요?

インフォメーションセンターは どこですか。

잉호메-숀센따-와 도꼬데스까

インフォメーションセンターは どこですか。 ▶ 문장을 쓰면서 익혀요.

---

2 신주쿠행 티켓을 사고 싶은데요.

新宿行きの 切符を 買いたいんですが。

신쥬꾸유끼노 킵뿌오 카이따인데스가

---

3 전철은 어디에서 탈 수 있나요?

電車は どこで 乗れますか。

덴샤와 도꼬데 노레마스까

> '지하철'은 ちかてつ(地下鉄, 치까떼쯔)라고 해요.

---

4 시부야행 리무진 버스는 어디에서 탈 수 있나요?

渋谷行きの リムジンバスは どこで 乗れますか。

시부야유끼노 리무짐바스와 도꼬데 노레마스까

TIP 알고 가면 더 재밌는 일본 상식 ▶ 공항에서 도심으로 가는 이동 수단

도쿄 인근에는 나리타와 하네다, 두 개의 국제 공항이 있어요. 나리타 공항에서 도쿄 시내로 가는 주요 대중교통은 스카이라이너, 나리타 익스프레스, 리무진 버스 세 가지로, 각각 40~60분 소요되며 요금은 2,580~3,600엔 사이예요. 하네다 공항은 도쿄 도심에서 더 가깝기 때문에 저렴한 비용으로 도심까지 갈 수 있어요.

Chapter 1 공항 및 기내 필수 단어

	한국어	일본어	연습1	연습2	연습3
①	공항	くうこう 空港 [쿠-꼬-]	くうこう		
②	게이트	ゲート [게-또]	ゲート		
③	면세	めんぜい 免税 [멘제-]	めんぜい		
④	목적지	もくてきち 目的地 [모꾸떼끼찌]	もくてきち		
⑤	신고	しんこく 申告 [싱꼬꾸]	しんこく		
⑥	왕복	おうふく 往復 [오-후꾸]	おうふく		
⑦	여권	パスポート [파스뽀-또]	パスポート		
⑧	여행	りょこう 旅行 [료꼬-]	りょこう		
⑨	외국인	がいこくじん 外国人 [가이꼬꾸징]	がいこくじん		
⑩	음식	たべもの 食べ物 [타베모노]	たべもの		

* 단어를 쓰면서 익혀요.

⑪ 티켓	チケット [치껫또]	チケット		
⑫ 출구	出口 [데구찌]	でぐち		
⑬ 입구	入り口 [이리구찌]	いりぐち		
⑭ 한국인	韓国人 [캉꼬꾸징]	かんこくじん		
⑮ 환승	乗り継ぎ [노리쯔기]	のりつぎ		
⑯ 호텔	ホテル [호떼루]	ホテル		
⑰ 화장실	トイレ [토이레]	トイレ		
⑱ 현금	現金 [겡낑]	げんきん		
⑲ 역	駅 [에끼]	えき		
⑳ 주소	住所 [쥬-쇼]	じゅうしょ		

45

Chapter 2

호텔에서

여행 일본어 중에서도 호텔 등 숙소에서 쓰는 표현은
실용도가 매우 높습니다. 호텔에서 필요한 기본 표현만 알아도
훨씬 편하고 만족스러운 시간을 보낼 수 있죠.
즐거운 숙박을 위한 필수 표현, 지금부터 함께 공부해 볼까요?

호텔 도착

예약한 숙소에 도착해서 바로 체크인을 하면 좋겠지만, 그렇지 않은 경우도 있으니 문의할 때 사용할 수 있는 문장을 알아볼게요.

핵심 표현 익히기

🎧 MP3 006-1

로비는 어디인가요?

ロビーは どこですか。

로비-와 도꼬데스까

대화로 익히기

유리

실례합니다, 로비는 어디인가요?
すみません、ロビーは どこですか。
스미마셍 로비-와 도꼬데스까

로비는 6층이에요.
ロビーは 6階です。
로비-와 록까이데스

호텔 직원

단어를 바꿔서 연습해 보세요.
あちら 아찌라 저쪽
隣の ビル(となりの ビル) 토나리노 비루 옆 건물

단어 ロビー 로비   どこ 어디

48

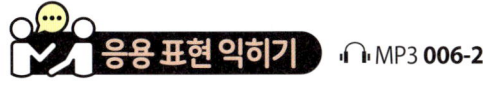 응용 표현 익히기 　MP3 006-2

1 엘리베이터는 어디 있어요?

エレベーターは どこですか。

에레베-따-와 도꼬데스까

エレベーターは どこですか。　　　▶ 문장을 쓰면서 익혀요.

2 체크인은 몇 시부터입니까?

チェックインは 何時(なんじ)からですか。

쳭꾸잉와 난지까라데스까

> 얼리 체크인이 되는 경우도 있으니 조금 일찍 도착했다면 일단 물어보세요.

3 로비에서 기다려도 될까요?

ロビーで 待(ま)っても いいですか。

로비-데 맛떼모 이-데스까

4 화장실을 사용해도 될까요?

トイレを 借(か)りても いいですか。

토이레오 카리떼모 이-데스까

> 대부분의 호텔 화장실은 개방형이지만, 도심에 있는 호텔 중에는 숙박객만 이용 가능한 곳도 있어요.

 TIP 알고 가면 더 재밌는 일본 상식 ▶ 일본 호텔 예약 시 주의 사항

❶ **체크인/체크아웃 시간 확인** 일본 호텔은 체크인 15시, 체크아웃 10시인 경우가 많아요. 한국보다 이른 체크아웃 시간에 유의하세요.

❷ **흡연/금연 객실 구분** 일본 호텔의 경우 흡연 객실이 아직 많은 편이라, 금연을 원하면 Non-smoking room 옵션을 꼭 체크하세요.

❸ **룸 타입 명칭 주의** '세미더블'은 침대가 작아요. 우리나라 기준으로 '싱글~슈퍼싱글' 정도의 크기이므로, 2명 예약 시에는 더블 또는 트윈을 추천합니다.

Unit 007 체크인 요청하기

체크인 요청을 할 때 예약자 이름 외에도 확인해야 할 게 많은데요, 다양한 상황에 사용할 수 있는 문장을 알아볼게요.

핵심 표현 익히기

🎧 MP3 007-1

예약한 최유리인데요.

予約した チェ・ユリですが。
よやく

요야꾸시따 체 유리데스가

대화로 익히기

유리:
저, 예약한 최유리인데요.
あの、予約した チェ・ユリですが。
아노 요야꾸시따 체 유리데스가

● 단어를 바꿔서 연습해 보세요.
チェックイン 쳇꾸잉 체크인
チェックアウト 쳇꾸아우또 체크아웃

호텔 직원:
최유리 님이신가요?
チェ・ユリ様でいらっしゃいますか。
체 유리사마데이랏샤이마스까

단어 予約(よやく) 예약　～様(さま) ~님

응용 표현 익히기 🎧 MP3 007-2

① 이 사이트로 예약했습니다.

この サイトで 予約しました。

코노 사이또데 요야꾸시마시따

この サイトで 予約しました。

> 호텔 예약 내역을 미리 캡처해 두면 편해요.

▶ 문장을 쓰면서 익혀요.

② 여기 예약 번호입니다.

これが 予約番号です。

코레가 요야꾸방고-데스

③ 네, 확인하겠습니다.

はい、確認いたします。

하이 카꾸닝이따시마스

④ 키오스크를 이용해 주십시오.

キオスクを ご利用くださいませ。

키오스꾸오 고리요-쿠다사이마세

> 호텔 키오스크에서 한국어로 수속 가능한 경우가 많으니 걱정하지 마세요.

TIP 알고 가면 더 재밌는 일본 상식 ▶ 일본의 캡슐 호텔

일본의 호텔은 비즈니스 호텔, 시티 호텔, 고급 호텔, 호스텔 등 다양한 종류가 있는데, 이 중에서 캡슐 호텔은 일본에서만 만날 수 있는 독특한 숙박 시설이에요. 호텔이라고 보기 어려울 정도로 협소한 공간이며, 욕실과 화장실 등은 공용으로 이용할 수 있어요. 숙박비가 매우 저렴하기 때문에 경비를 절약하고 싶은 관광객에게는 좋은 선택지가 될 수 있어요.

체크인 수속

체크인을 하면서 여러 가지 사항을 요청받게 될 거예요. 필요한 문장을 알아볼게요.

MP3 008-1

숙박 카드를 작성해 주세요.
宿泊(しゅくはく) カードに ご記入(きにゅう)ください。
슈꾸하꾸 카-도니 고끼뉴-쿠다사이

호텔 직원

이 숙박 카드를 작성해 주세요.
この 宿泊(しゅくはく) カードに ご記入(きにゅう)ください。
코노 슈꾸하꾸 카-도니 고끼뉴-쿠다사이

아, 네.
あ、はい。
아 하이

유리

단어 宿泊(しゅくはく) 숙박　カード 카드　記入(きにゅう) 기입

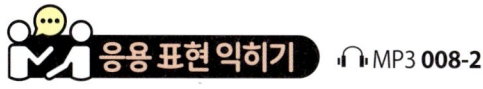 응용 표현 익히기 　MP3 008-2

① 여권을 주시겠어요?

パスポートを お願いします。

파스뽀-또오 오네가이시마스

パスポートを お願いします。　　　▶ 문장을 쓰면서 익혀요.

② 여권을 복사하겠습니다.

パスポートを コピーさせて いただきます。

파스뽀-또오 코삐-사세떼 이따다끼마스

③ 지불은 어떻게 하시겠어요?

お支払いは どう なさいますか。

오시하라이와 도- 나사이마스까

> 현장 결제로 예약을 하면 해외 사용이 가능한 신용카드를 준비해야 해요.

④ 이 카드로 해 주세요.

この カードで お願いします。

코노 카-도데 오네가이시마스

 TIP 알고 가면 더 재밌는 일본 상식 ▶ 숙박 일정 말하기

1박 2일 **いっぱくふつか(一泊二日)** 입빠꾸후쯔까　　2박 3일 **にはくみっか(二泊三日)** 니하꾸믹까
3박 4일 **さんぱくよっか(三泊四日)** 삼빠꾸욕까　　4박 5일 **よんぱくいつか(四泊五日)** 욤빠꾸이쯔까
5박 6일 **ごはくむいか(五泊六日)** 고하꾸무이까　　6박 7일 **ろっぱくなのか(六泊七日)** 롭빠꾸나노까

Unit 009 조식 관련 문의하기

아침 식사를 꼭 하셔야 하는 분이라면 호텔 조식에 대해서도 물어봐야 할 게 많은데요, 필요한 문장을 알아볼게요.

핵심 표현 익히기

🎧 MP3 009-1

조식은 몇 시부터입니까?
朝食は 何時からですか。
쵸-쇼꾸와 난지까라데스까

대화로 익히기

유리: 조식은 몇 시부터입니까?
朝食は 何時からですか。
쵸-쇼꾸와 난지까라데스까

호텔 직원: 7시부터 9시까지입니다. 장소는 1층 레스토랑입니다.
7時から 9時までです。場所は 1階の レストランです。
시찌지까라 쿠지마데데스 바쇼와 익까이노 레스또란데스

● 단어를 바꿔서 연습해 보세요.
6時(ろくじ) 로꾸지 6시　10時(じゅうじ) 쥬-지 10시

단어　朝食(ちょうしょく) 조식, 아침 식사　場所(ばしょ) 장소

응용 표현 익히기 MP3 009-2

1 조식 포함인가요?

朝食つきですか。

쵸-쇼꾸쯔끼데스까

朝食つきですか。　　　　　　　　　　　▶ 문장을 쓰면서 익혀요.

---

2 조식은 몇 시부터 몇 시까지입니까?

朝食は 何時から 何時までですか。

쵸-쇼꾸와 난지까라 난지마데데스까

---

3 조식을 포함시킬까요?

朝食は お付けしますか。

쵸-쇼꾸와 오쯔께시마스까

> 현장에서 예약할 수 있는 경우도 있고, 전날 저녁까지 예약해야 할 수도 있어요.

---

4 지불은 어떻게 하시겠어요?

お支払いは どう なさいますか。

오시하라이와 도- 나사이마스까

TIP 알고 가면 더 재밌는 일본 상식 ▶ 료칸

료칸(旅館, りょかん)은 일본의 전통적인 숙박 시설로, 다다미 객실, 가이세키 요리, 온천, 유카타 착용 등 일본 문화를 깊이 체험할 수 있는 독특한 숙소예요. 다소 비싼 숙박비가 부담스러울 수 있지만, 일본의 전통 가옥에서 머물면서 일본의 연회용 코스 요리인 가이세키 요리를 맛볼 수 있으니 꼭 체험해 보세요.

Unit 010 추가 열쇠 요청하기

여러 명이 한 방을 사용하는 경우 열쇠가 여러 개면 더 편하게 사용할 수 있겠죠?
무료로 추가 열쇠를 주기도 하니 꼭 물어보세요.

핵심 표현 익히기

🎧 MP3 010-1

열쇠를 하나 더 주시겠어요?

カギを もう ひとつ もらえますか。

카기오 모- 히또쯔 모라에마스까

대화로 익히기

유리

방 열쇠를 하나 더 주시겠어요?
部屋の カギを もう ひとつ もらえますか。
헤야노 카기오 모- 히또쯔 모라에마스까

● 단어를 바꿔서 연습해 보세요.
2つ(ふたつ) 후따쯔 2개
3つ(みっつ) 밋쯔 3개

네, 잠시만 기다려 주십시오.
はい、少々 お待ちください。
하이 쇼-쇼- 오마찌쿠다사이

호텔 직원

단어 カギ 열쇠　もらえる 받을 수 있다　部屋(へや) 방

56

응용 표현 익히기 🎧 MP3 010-2

1 사람 수대로 카드 키를 줄 수 있나요?

人数分の カードキーを もらえますか。
にんずうぶん

닌즈-분노 카-도키-오 모라에마스까

人数分の カードキーを もらえますか。   ▶ 문장을 쓰면서 익혀요.

2 카드 키는 몇 장 사용하시겠습니까?

カードキーは 何枚 ご利用になりますか。
なんまい　りよう

카-도키-와 남마이 고리요-니나리마스까

3 추가 요금이 발생하는데요.

追加料金が かかりますが。
ついかりょうきん

츠이까료-낑가 카까리마스가

> 호텔에 따라서는 요금을 청구하는 경우도 있어요.

4 한 객실당 한 장이 제공됩니다.

1部屋に つき 1枚を 提供します。
ひとへや　　　いちまい　ていきょう

히또헤야니 쯔끼 이찌마이오 테-꾜-시마스

TIP 알고 가면 더 재밌는 일본 상식 ▶ 벚꽃의 의미

일본인에게 벚꽃(さくら)은 '아름다움', '덧없음', '희망'의 상징이라고 볼 수 있어요. 삶의 일시성과 순간의 소중함을 나타내기도 하고, 군국주의 시대에는 애국심의 상징으로도 사용되었어요. 또한 일본은 입학과 개학, 입사 등을 벚꽃이 피는 4월에 하기 때문에 벚꽃은 새로운 시작을 상징하기도 합니다.

Unit 011 짐 맡기기

체크인을 하기 전에 무거운 짐을 호텔에 맡길 수 있다면 가볍게 돌아다닐 수 있으니, 이번 과에서 배우는 문장도 꼭 익혀 가세요!

핵심 표현 익히기

🎧 MP3 011-1

짐을 맡길 수 있을까요?

荷物を 預かって もらえますか。

니모쯔오 아즈깟떼 모라에마스까

대화로 익히기

유리

체크인 전에 짐을 맡길 수 있을까요?
チェックインの 前に 荷物を 預かって もらえますか。
첵꾸인노 마에니 니모쯔오 아즈깟떼 모라에마스까

● 단어를 바꿔서 연습해 보세요.
かばん 카방 가방
スーツケース 스-쯔케-스 캐리어, 여행 가방

알겠습니다.
かしこまりました。
카시꼬마리마시따

호텔 직원

단어 荷物(にもつ) 짐　預かる(あずかる) 맡다, 보관하다

 **응용 표현 익히기** 🎧 MP3 011-2

1 예약하신 성함을 부탁드리겠습니다.

ご予約の お名前を お願いします。

고요야꾸노 오나마에오 오네가이시마스

ご予約の お名前を お願いします。　▶ 문장을 쓰면서 익혀요.

2 최유리로 예약했습니다.

チェ·ユリで 予約しました。

체 유리데 요야꾸시마시따

3 짐은 한 개인가요?

お荷物は 一つで よろしいでしょうか。

오니모쯔와 히또쯔데 요로시-데쇼-까

> '두 개'는 ふたつ(후따쯔), '세 개'는 みっつ(밋쯔)를 사용하세요.

4 짐 교환권입니다.

お荷物の 引換券です。

오니모쯔노 히끼까에껜데스

 TIP 알고 가면 더 재밌는 일본 상식 ▶ **일본의 봄**

일본의 봄은 3월부터 5월까지 이어지며, 벚꽃이 만개하는 시기로 유명하죠. 이 시기에 일본 전역에서 하나미 축제가 열리며, 화사한 꽃들이 도시와 자연을 아름답게 물들여요. 기온은 보통 10~20도 사이로 쾌적하여 야외 활동에 적합해요. 새로운 시작과 재생의 상징으로 여겨지는 이 계절은 일본 문화에서 중요한 의미를 가지니 이 시기에 여행하신다면 벚꽃도 꼭 즐겨 보세요.

Unit 012 짐 찾기

호텔에 맡겨 놓은 짐을 찾을 때 사용할 수 있는 문장을 알아볼게요.

핵심 표현 익히기

🎧 MP3 012-1

짐을 찾으러 왔습니다.
荷物を 取りに 来ました。
니모쯔오 토리니 키마시따

대화로 익히기

유리: 짐을 찾으러 왔습니다.
荷物を 取りに 来ました。
니모쯔오 토리니 키마시따

호텔 직원: 네, 잠시만 기다려 주십시오.
はい、少々 お待ちください。
하이 쇼-쇼- 오마찌쿠다사이

● 단어를 바꿔서 연습해 보세요.
少し(すこし) 스꼬시 조금
ちょっと 춋또 좀, 잠깐

단어 取る(とる) 가지다, 취하다   来る(くる) 오다   少々(しょうしょう) 잠시

응용 표현 익히기 🎧 MP3 012-2

1 짐 교환권을 주시겠어요?

お荷物の 引換券を お願いします。

오니모쯔노 히끼까에껭오 오네가이시마스

お荷物の 引換券を お願いします。　▶ 문장을 쓰면서 익혀요.

2 여기 짐 교환권입니다.

こちら 荷物の 引換券です。

코찌라 니모쯔노 히끼까에껜데스

3 짐 교환권을 잃어버렸어요.

荷物の 引換券を なくしました。

니모쯔노 히끼까에껭오 나꾸시마시따

> 교환권을 분실하더라도 인적 사항 확인 후 짐을 받을 수 있으니 너무 걱정하지 마세요.

4 이 가방은 제 것이 아닌데요.

この かばんは 私のじゃないんですけど。

코노 가방와 와따시노쟈나인데스께도

 TIP 알고 가면 더 재밌는 일본 상식 ▶ **일본의 여름**

일본의 여름은 일반적으로 7월과 8월에 해당하며, 지역별로 다양한 특징이 있어요. 도쿄는 무덥고 습한 날씨가 지속되며, 평균 기온이 30도를 넘는 경우가 많아요. 분지 지형인 교토는 우리나라의 대구만큼 더운 지역이지만, 전통과 자연이 어우러진 여름 풍경을 즐길 수 있어요. 반면, 홋카이도는 상쾌한 기후로 여름철에도 많은 관광객들이 찾는 곳이에요.

Unit 013 비품 요청하기

호텔 방에 비품이 제대로 갖추어져 있지 않을 때는 참지 말고 당당하게 일본어로 요청하세요.

핵심 표현 익히기

🎧 MP3 013-1

방에 수건이 없어요.
部屋に タオルが ありません。
헤야니 타오루가 아리마셍

대화로 익히기

호텔 직원

네, 프런트입니다.
はい、フロントでございます。
하이 후론토데고자이마스

방에 수건이 없어요.
部屋に タオルが ありません。
헤야니 타오루가 아리마셍

유리

● 단어를 바꿔서 연습해 보세요.
テレビの リモコン 테레비노 리모꽁 티비 리모콘
エアコンの リモコン 에아꼰노 리모꽁 에어컨 리모콘

단어 部屋(へや) 방　タオル 타월, 수건　フロント 프런트

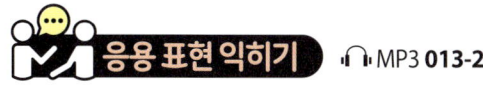 응용 표현 익히기 🎧 MP3 013-2

① 수건을 한 세트 더 받고 싶은데요.

タオルが もう 一組(ひとくみ) ほしいんですけど。

타오루가 모- 히또꾸미 호시인데스께도

タオルが もう 一組 ほしいんですけど。　▶ 문장을 쓰면서 익혀요.

② 면도기와 칫솔이 놓여 있지 않아요.

> 경우에 따라서는 유상으로 제공하는 곳도 있어요.

かみそりと 歯(は)ブラシが おいて ないんですよ。

카미소리또 하부라시가 오이떼 나인데스요

③ 방에 슬리퍼가 안 보이는데요.

部屋(へや)に スリッパが 見(み)あたらないんですけど。

헤야니 스립빠가 미아따라나인데스께도

④ 따뜻한 물을 보온 포트에 담아 줄 수 있나요?

お湯(ゆ)を ポットで いただけませんか。

오유오 폿또데 이따다께마셍까

 TIP 알고 가면 더 재밌는 일본 상식 ▶ 일본의 가을

일본의 가을은 9월부터 11월까지로, 기온이 선선하고 단풍이 아름다워요. 이 시기에는 관광객들이 다양한 단풍 명소를 많이 찾는데요, 홋카이도는 9월 말부터 단풍이 시작되고, 도쿄는 11월 중순, 교토는 11월 하순부터 절정을 이뤄요. 또한, 가을은 맛있는 제철 음식과 함께 다양한 문화 행사로 풍성한 계절이라 여행하기에 가장 좋은 시기라고 할 수 있어요.

Unit 014 고장 및 분실 신고

호텔 방의 시설이 제대로 작동하지 않거나 방 열쇠를 깜빡했을 때 필요한 문장을 알아볼게요.

핵심 표현 익히기

🎧 MP3 014-1

텔레비전이 좀 이상해요.
テレビの 調子が 悪いんですが。
테레비노 쵸-시가 와루인데스가

대화로 익히기

유리

텔레비전이 좀 이상해요.
テレビの 調子が 悪いんですが。
테레비노 쵸-시가 와루인데스가

바로 찾아뵙겠습니다.
すぐ 伺います。
스구 우까가이마스

호텔 직원

● 단어를 바꿔서 연습해 보세요.
インターネット 인따-넷또 인터넷
冷蔵庫(れいぞうこ) 레-조-꼬 냉장고

단어 調子(ちょうし) 상태   悪い(わるい) 나쁘다, 좋지 않다

 응용 표현 익히기 🎧 MP3 014-2

① 냉방이 안 됩니다.
冷房が ききません。
레-보-가 키끼마셍

> '난방'은 だんぼう(暖房, 담보-)라고 해요.

冷房が ききません。　　　▶ 문장을 쓰면서 익혀요.

② 방 열쇠를 잃어버렸어요.
部屋の カギを なくして しまいました。
헤야노 카기오 나꾸시떼 시마이마시따

> 카드 형태의 열쇠는 무료로 재발급해 주기도 하지만, 금속 열쇠는 큰 비용이 발생하니 외출할 때 꼭 프런트에 맡기세요.

③ 방에 열쇠를 두고 나왔어요.
カギを 部屋に 置き忘れました。
카기오 헤야니 오끼와스레마시따

④ 방은 몇 호실이고, 성함은 어떻게 되시나요?
何号室の どなた様でしょうか。
낭고-시쯔노 도나따사마데쇼-까

 TIP 알고 가면 더 재밌는 일본 상식 ▶ 일본의 겨울

일본의 겨울은 일반적으로 12월부터 2월까지 지속되며, 지역에 따라 기온 차이가 커요. 도쿄의 평균 기온은 12월 낮 12도, 1월 낮 10도, 2월 낮 10~11도로, 공기는 건조하고 맑은 날이 많아요. 홋카이도와 같은 북부 지역은 눈이 많이 내려 겨울 스포츠에 적합해요. 또 온천과 다양한 축제로 많은 관광객이 방문하는 시기예요.

Unit 015 불만 사항 말하기

호텔 방에서 참을 수 없는 소음과 악취! 이렇게 말하세요.

핵심 표현 익히기

🎧 MP3 015-1

옆방이 시끄러워요.
隣の 部屋が うるさいんですよ。
토나리노 헤야가 우루사인데스요

대화로 익히기

유리

옆방이 시끄러워요.
隣の 部屋が うるさいんですよ。
토나리노 헤야가 우루사인데스요

● 단어를 바꿔서 연습해 보세요.
向かいの 部屋(むかいの へや) 무까이노 헤야 건너편 방
上階(じょうかい) 죠-까이 위층

정말 죄송합니다.
本当に 申し訳 ございません。
혼또-니 모-시와께 고자이마셍

호텔 직원

단어 隣の 部屋(となりの へや) 옆방   うるさい 시끄럽다

응용 표현 익히기 MP3 015-2

1 무슨 일이신가요?

どう なさいましたか。

도- 나사이마시따까

どう なさいましたか。 ▶ 문장을 쓰면서 익혀요.

2 복도가 너무 시끄러워서 잘 수가 없어요.

廊下が うるさくて、眠れないんですよ。

로-까가 우루사꾸떼 네무레나인데스요

> 늦은 밤 소음은 직접 나서는 것보다 호텔 측에 말하는 게 안전해요.

3 욕조에서 하수도 냄새가 올라오는데요.

風呂から 下水の 匂いが 上がって くるんですけど。

후로까라 게스이노 니오이가 아갓떼 쿠룬데스께도

4 방에 이상한 냄새가 나는데, (방을) 바꿔 주시겠어요?

部屋が 臭いんですけど、かえて もらえませんか。

헤야가 쿠사인데스께도 카에떼 모라에마셍까

TIP 알고 가면 더 재밌는 일본 상식 ▶ 홋카이도 유빙 투어

이색적인 일본 겨울 여행을 원한다면 홋카이도로 유빙 투어를 떠나 보세요. 유빙(流氷)이란 바다 위를 떠다니는 얼음 덩어리를 말하는데, 홋카이도에서는 오호츠크해에서 흘러드는 두께 50cm 정도의 유빙을 볼 수 있어요. 유빙 위를 걸어 보는 유빙 워크나 얼음 속으로 다이빙하는 유빙 다이빙, 쇄빙선을 타고 즐기는 유빙 투어 등이 있어요.

Unit 016 룸서비스 이용하기

간단한 식음료 주문부터 세탁까지 요청할 수 있는 룸서비스 이용 시 알아야 하는 문장을 알아볼게요.

핵심 표현 익히기

🎧 MP3 016-1

룸서비스입니다.
ルームサービスです。
루-무사-비스데스

대화로 익히기

호텔 직원

오래 기다리셨습니다. 룸서비스입니다.
お待たせしました。ルームサービスです。
오마따세시마시따 루-무사-비스데스

네, 고마워요.
はい、どうも。
하이 도-모

유리

단어를 바꿔서 연습해 보세요.
ありがとうございます 아리가또-고자이마스 감사합니다

단어 ルームサービス 룸서비스 待たせる(またせる) 기다리게 하다

응용 표현 익히기　MP3 016-2

1　세탁을 부탁합니다.

ランドリーサービスを お願(ねが)いします。

란도리-사-비스오 오네가이시마스

ランドリーサービスを お願いします。　　▶ 문장을 쓰면서 익혀요.

2　언제 됩니까?

いつ できあがりますか。

이쯔 데끼아가리마스까

3　룸서비스를 시켰는데 아직 안 왔어요.

ルームサービスを 頼(たの)んだのですが、まだ 来(き)ません。

루-무사-비스오 타논다노데스가 마다 키마셍

4　주문 내용을 다시 한 번 알려 주실 수 있을까요?

オーダーの 内容(ないよう)を もう 一度(いちど) うかがえますか。

오-다-노 나이요-오 모- 이찌도 우까가에마스까

 TIP　알고 가면 더 재밌는 일본 상식 ▶ 일본의 팁 문화

일본은 우리나라와 마찬가지로 팁을 주는 것이 일반적이지 않습니다. 서비스 비용은 이미 가격에 포함되어 있으며, 팁을 주면 오히려 무례하게 여겨질 수 있습니다. 따라서 일본을 여행할 때는 팁에 대해서 고민하지 않아도 됩니다.

Unit 017 호텔 시설 이용하기

호텔의 다양한 편의 시설을 만끽하고 싶을 때 꼭 알아야 할 일본어 문장을 알아볼게요.

핵심 표현 익히기

🎧 MP3 017-1

수영장은 몇 층인가요?
プールは 何階に ありますか。
푸-루와 낭까이니 아리마스까

대화로 익히기

유리

수영장은 몇 층인가요?
プールは 何階に ありますか。
푸-루와 낭까이니 아리마스까

5층입니다.
5階でございます。
고까이데고자이마스

호텔 직원

● 단어를 바꿔서 연습해 보세요.
サウナ 사우나 사우나
駐車場(ちゅうしゃじょう) 츄-샤죠- 주차장

단어 プール 풀, 수영장　何階(なんかい) 몇 층　ある 있다

응용 표현 익히기 🎧 MP3 017-2

1 수영장은 몇 시부터 몇 시까지인가요?

プールは 何時から 何時までですか。

푸-루와 난지까라 난지마데데스까

プールは 何時から 何時までですか。

▶ 문장을 쓰면서 익혀요.

> '실내 수영장'은 おくないプール(屋内プール, 오꾸나이푸-루)라고 해요.

2 헬스장은 16세 이상부터 이용하실 수 있습니다.

ジムは 16歳 以上からの ご利用になります。

지무와 쥬-록사이 이죠-까라노 고리요-니나리마스

3 스파를 예약하고 싶은데요.

スパを 予約したいんですが。

스빠오 요야꾸시따인데스가

4 요금은 얼마인가요?

料金は いくらですか。

료-낑와 이꾸라데스까

 **알고 가면 더 재밌는 일본 상식 ▶ 일본의 호텔 헬스장**

'헬스장'은 일본어로 ジム(지무) 또는 フィットネス(휫토네스)라고 합니다. 일본 호텔 헬스장의 경우 숙박을 해도 별도 요금을 내야 하는 경우도 많으니 사용 전 미리 확인해 보는 것이 좋습니다. 참고로 일본에서 쓰는 ヘルス(헤루스)는 '유흥업소' 또는 '유흥시설'을 뜻하기 때문에 오해를 불러일으킬 수 있으니 주의하세요.

Unit 018 주변 식당 추천받기

낯선 여행지에서 현지인의 추천을 받고 싶다면 호텔 직원 찬스를 이용하세요.

핵심 표현 익히기

🎧 MP3 018-1

추천해 주실 만한 술집 있나요?
お勧めの 居酒屋は ありますか。
오스스메노 이자까야와 아리마스까

대화로 익히기

유리

(호텔) 근처에 추천해 주실 만한 술집 있나요?
近くに お勧めの 居酒屋は ありますか。
치까꾸니 오스스메노 이자까야와 아리마스까

● 단어를 바꿔서 연습해 보세요.
ラーメン屋(ラーメンや) 라-멩야 라멘 가게
パン屋(パンや) 팡야 빵 가게

술집이라면 '놈베'를 추천드립니다.
居酒屋でしたら「ノンベエ」が お勧めです。
이자까야데시따라 놈베-가 오스스메데스

호텔 직원

단어 お勧め(おすすめ) 추천   居酒屋(いざかや) 이자카야, 술집   近く(ちかく) 근처

응용 표현 익히기 🎧 MP3 018-2

1 어디쯤인가요?

どの 辺りですか。

도노 아따리데스까

どの 辺りですか。　　　　　　　　　　　▶ 문장을 쓰면서 익혀요.

> 구글 맵이 있다면 그 자리에서 체크해 달라고 부탁하세요.

2 이 지도를 보세요.

この 地図を ご覧になって ください。

코노 치즈오 고란니낫데 쿠다사이

3 가게 예약을 부탁하고 싶은데요.

お店の 予約を お願いしたいのですが。

오미세노 요야꾸오 오네가이시따이노데스가

> 컨시어지 서비스에 부탁하세요.

4 근처에 편의점 있나요?

近くに コンビニ ありますか。

치까꾸니 콤비니 아리마스까

 TIP 알고 가면 더 재밌는 일본 상식 ▶ **일본의 술 종류**

❶ **맥주(ビール)** '생맥주'는 ナマビール(나마비-루), '병맥주'는 瓶ビール(빔비-루)라고 해요.
❷ **하이볼(ハイボール)** 위스키와 탄산수를 조합한 일본식 칵테일이에요.
❸ **추하이(チュウハイ)** 소주와 탄산수를 섞고 과즙을 추가한 술로, 맛의 종류가 다양해요.
❹ **니혼슈(日本酒)** 쌀과 누룩, 그리고 물을 주원료로 만드는 '청주'를 가리켜요.

Unit 019 체크아웃 관련 문의

체크아웃 시간을 묻거나 체크아웃 시간을 늦출 때 사용하는 문장을 알아볼게요.

핵심 표현 익히기

🎧 MP3 019-1

체크아웃은 몇 시예요?
チェックアウトは 何時ですか。
쳇꾸아우또와 난지데스까

대화로 익히기

유리

체크아웃은 몇 시예요?
チェックアウトは 何時ですか。
쳇꾸아우또와 난지데스까

11시입니다.
11時です。
쥬-이찌지데스

호텔 직원

단어를 바꿔서 연습해 보세요.
10時(じゅうじ) 쥬-지 10시
12時(じゅうにじ) 쥬-니지 12시

단어 チェックアウト 체크아웃   何時(なんじ) 몇 시

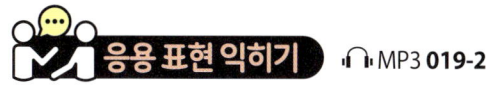 **응용 표현 익히기** 🎧 MP3 019-2

1 레이트 체크아웃 하고 싶은데요.

レイトチェックアウトを したいのですが。

레이또첵꾸아우또오 시따이노데스가

> 체크아웃 시간을 늦추는 것을 '레이트 체크아웃'이라고 해요.

レイトチェックアウトを したいのですが。

2 오후 3시까지 가능합니다.

午後 3時まで できます。
ご ご　さん じ

고고 산지마데 데끼마스

3 추가 요금이 있나요?

追加 料金は ありますか。
つい か　りょうきん

츠이까 료-낑와 아리마스까

4 하루 더 묵고 싶은데요.

もう 一日 泊まりたいんですが。
　　　 いちにち と

모- 이찌니찌 토마리따인데스가

 **알고 가면 더 재밌는 일본 상식 ▶ 일본어 시간 읽기**

1時(いちじ) 이찌지	5時(ごじ) 고지	9時(くじ) 쿠지
2時(にじ) 니지	6時(ろくじ) 로꾸지	10時(じゅうじ) 쥬-지
3時(さんじ) 산지	7時(しちじ) 시찌지	11時(じゅういちじ) 쥬-이찌지
4時(よじ) 요지	8時(はちじ) 하찌지	12時(じゅうにじ) 쥬-니지

75

Unit 020 비품 빌리기

호텔에서는 숙박객을 위해 다양한 비품을 대여하는데요, 이때 사용하는 문장을 알아볼게요.

핵심 표현 익히기

MP3 020-1

우산을 빌릴 수 있을까요?
傘を お借りできますか。
카사오 오까리데끼마스까

대화로 익히기

유리

우산을 빌릴 수 있을까요?
傘を お借りできますか。
카사오 오까리데끼마스까

● 단어를 바꿔서 연습해 보세요.
　ドライヤー 도라이야- 드라이기
　充電器(じゅうでんき) 쥬-뎅끼 충전기

네.
はい。
하이

호텔 직원

단어 傘(かさ) 우산　借りる(かりる) 빌리다

응용 표현 익히기 🎧 MP3 020-2

1 가습기를 빌리고 싶은데요.

加湿器を 借りたいんですが。
かしつき　か

카시쯔끼오 카리따인데스가

加湿器を 借りたいんですが。   ▶ 문장을 쓰면서 익혀요.

2 다리미를 빌릴 수 있을까요?

アイロンを 借りられますか。
か

아이롱오 카리라레마스까

> '다리미판'은 アイロンだい(アイロン台, 아이론다이)라고 해요.

3 대여용 자전거는 없나요?

レンタサイクルは ありませんか。

렌따사이꾸루와 아리마셍까

4 내일 대여용 자전거 예약을 하고 싶은데요.

明日 レンタサイクルの 予約を したいんですけど。
あした　　　　　　　　　　　　　　よやく

아시따 렌따사이꾸루노 요야꾸오 시따인데스께도

TIP 알고 가면 더 재밌는 일본 상식 ▶ 일본의 자전거 주차장

일본의 일부 호텔에서는 자전거를 무료로 대여해 주기도 해요. 대수가 많지는 않기 때문에, 미리 프런트에 얘기해서 사용 가능 여부를 확인하면 돼요. 그런데 일본에는 자전거 주차장이 별도로 있다는 것도 아시나요? 일본에서 자전거를 이용할 때는 길가에 자전거를 세워 두면 안 되고, 반드시 지정된 자전거 주차장을 이용해야 해요. 자전거 주차장은 '지텐샤오키바(自転車置き場)'나 '주린조(駐輪場)'라고 하는데, 유료인 곳이 많아요. 정해진 구역이 아닌 곳에 주차하면 견인을 당해 벌금을 물 수도 있으니 주의하세요.

Unit 021 체크아웃하기

호텔에서 숙박을 마치고 체크아웃을 하면서 사용하게 될 문장을 알아볼게요.

 핵심 표현 익히기

🎧 MP3 021-1

체크아웃하겠습니다.
チェックアウトします。
쳭꾸아우또시마스

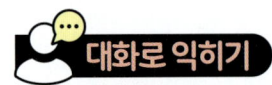 대화로 익히기

유리

체크아웃하겠습니다.
チェックアウトします。
쳭꾸아우또시마스

● 단어를 바꿔서 연습해 보세요.
アーリーチェックイン 아-리-쳭꾸잉 빠른 체크인
レイトチェックアウト 레이토쳭꾸아우또 늦은 체크아웃

네, 알겠습니다. 여기 계산서입니다.
はい、かしこまりました。こちら お会計(かいけい)です。
하이 카시꼬마리마시따 코찌라 오까이께-데스

호텔 직원

단어 チェックアウト 체크아웃   会計(かいけい) 계산(서), 정산(서)

응용 표현 익히기 🎧 MP3 021-2

1 미니바의 제품을 이용하셨나요?

ミニバーの 物は ご利用になられましたか。

미니바-노 모노오 고리요-니나라레마시따까

ミニバーの 物は ご利用になられましたか。 ▶ 문장을 쓰면서 익혀요.

2 냉장고의 맥주를 마셨어요.

冷蔵庫の ビールを 飲みました。

레-조-꼬노 비-루오 노미마시따

> 병에 든 생수는 ミネラルウォーター(미네라루우오-타-)라고 해요.

3 지불은 어떻게 하시겠습니까?

お支払いは どう なさいますか。

오시하라이와 도- 나사이마스까

4 현금으로 할게요.

現金で します。

겡낀데 시마스

TIP 알고 가면 더 재밌는 일본 상식 ▶ 일본의 숙박세(City Tax)

일본의 일부 지자체에서는 숙박 시설을 이용하는 여행객에게 '숙박세(City Tax)'라는 이름의 세금을 부과하고 있어요. '도시세'라고도 부르는 숙박세는 1박 1인 기준으로 호텔 등급에 따라 다르게 책정되며, 체크인이나 체크아웃할 때 호텔에 직접 지불해요. 이는 숙박비에 포함된 부가가치세와는 별개의 비용으로, 현재 시행 도시가 점차적으로 늘어가는 추세예요.

Unit 022 이동 수단 알아보기

여행을 마치고 호텔에서 공항으로 가는 교통수단에 대해 물어볼 때 사용하는 문장을 알아볼게요.

 핵심 표현 익히기

🎧 MP3 022-1

공항 가는 버스가 있나요?
空港行きの バスは ありますか。
くうこう ゆ

쿠-꼬-유끼노 바스와 아리마스까

 대화로 익히기

유리

공항 가는 버스가 있나요?
空港行きの バスは ありますか。
くうこう ゆ

쿠-꼬-유끼노 바스와 아리마스까

● 단어를 바꿔서 연습해 보세요.
リムジンバス 리무진바스 리무진 버스
シャトルバス 샤또루바스 셔틀 버스

네, 여기 버스 시간표입니다.
はい、こちらが バスの 時刻表です。
じこくひょう

하이 코찌라가 바스노 지꼬꾸효-데스

호텔 직원

단어 空港行き(くうこうゆき) 공항행   バス 버스

80

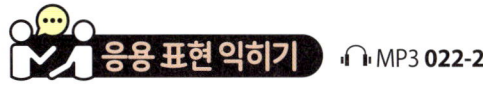 **응용 표현 익히기** MP3 022-2

1 택시 좀 불러 주시겠어요.

タクシー 呼んで もらえますか。
よ

탁시- 욘데 모라에마스까

タクシー 呼んで もらえますか。 ▶ 문장을 쓰면서 익혀요.

> 호텔 직원에게 행선지를 말하면 정확하게 택시기사님에게 행선지를 전달해 줘요.

2 어디까지 가시나요?

どちらまで 行かれますか。
い

도찌라마데 이까레마스까

3 공항까지입니다.

くうこう
空港までです。

쿠-꼬-마데데스

4 덕분에 편하게 쉬었습니다. (신세 많이 졌습니다.)

せ わ
お世話になりました。

오세와니나리마시따

 TIP 알고 가면 더 재밌는 일본 상식 ▶ 삿포로 눈 축제

삿포로 눈 축제는 일본의 대표적인 겨울 축제로, 매년 2월 초 홋카이도 삿포로에서 열려요. 1950년에 시작된 이 축제는 매년 수백만 명의 관광객을 유치하는 대규모 행사로, 약 400여 점의 눈과 얼음 조각상을 볼 수 있어요. 2024년에는 약 239만 명의 방문객이 축제를 찾았고, 홋카이도의 겨울 매력을 만끽할 수 있는 독특한 문화 행사로 자리 잡았어요.

Chapter 2 호텔 필수 단어

① 호텔	ホテル [호떼루]	ホテル		
② 화장실	トイレ [토이레]	トイレ		
③ 냉장고	れいぞうこ 冷蔵庫 [레-조-꼬]	れいぞうこ		
④ 침대	ベッド [벳도]	ベッド		
⑤ 담요	もうふ 毛布 [모-후]	もうふ		
⑥ 베개	まくら 枕 [마꾸라]	まくら		
⑦ 벽	かべ 壁 [카베]	かべ		
⑧ 먼지	ほこり [호꼬리]	ほこり		
⑨ 수속	てつづ 手続き [테쯔즈끼]	てつづき		
⑩ 습기	しっけ 湿気 [식께]	しっけ		

* 단어를 쓰면서 익혀요.

⑪ 쓰레기통	ごみ箱 [고미바꼬]	ごみばこ		
⑫ 오른쪽	右 [미기]	みぎ		
⑬ 왼쪽	左 [히다리]	ひだり		
⑭ 일회용	使い捨て [츠까이스떼]	つかいすて		
⑮ 입구	入り口 [이리구찌]	いりぐち		
⑯ 금연	禁煙 [킹엥]	きんえん		
⑰ 흡연	喫煙 [키쯔엥]	きつえん		
⑱ 지도	地図 [치즈]	ちず		
⑲ 치약	歯磨き粉 [하미가끼꼬]	はみがきこ		
⑳ 칫솔	歯ブラシ [하부라시]	はブラシ		

83

Unit 023 식당 입구에서

여행에서 맛있는 음식이 빠질 수 없겠죠! 식당에 들어서면서 듣게 되는 말과 사용할 문장을 알아볼게요.

핵심 표현 익히기

🎧 MP3 023-1

몇 분이신가요?
何名様でしょうか。
남메-사마데쇼-까

대화로 익히기

식당 직원

어서 오세요. 몇 분이신가요?
いらっしゃいませ。何名様でしょうか。
이랏샤이마세 남메-사마데쇼-까

두 명입니다.
2人です。
후따리데스

유리

● 단어를 바꿔서 연습해 보세요.
3人(さんにん) 산닝 3명
4人(よにん) 요닝 4명

단어 何名様(なんめいさま) 몇 분   いらっしゃいませ 어서 오세요

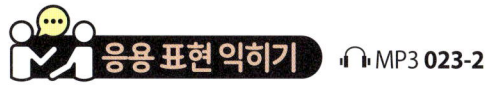 **응용 표현 익히기** MP3 023-2

1 이쪽으로 오세요.

こちらへ どうぞ。

코찌라에 도-조

こちらへ どうぞ。　　　　　　　　　　　　　▶ 문장을 쓰면서 익혀요.

2 편한 자리에 앉으세요.

お好きな 席に どうぞ。

오스끼나 세끼니 도-조

3 담당자가 곧 오니 잠시만 기다려 주세요.

担当の 者が すぐに 参りますので 少々 お待ちください。

탄또-노 모노가 스구니 마이리마스노데 쇼-쇼- 오마찌쿠다사이

4 테이블이 준비되었습니다. 이쪽으로 오세요.

テーブルの 用意が できました。
こちらに どうぞ。

테-부루노 요-이가 데끼마시따 코찌라니 도-조

> 인원수에 맞는 테이블 세팅 시간이 소요되기도 해요.

 TIP 알고 가면 더 재밌는 일본 상식 ▶ **구글맵 평점 활용**

일본을 여행할 때는 구글맵(Google Maps) 어플을 활용하세요. 구글맵은 길 찾기뿐만 아니라 맛집, 카페 등의 정보를 제공해요. 구글맵의 평점은 일본 여행 시 신뢰도가 높은 편인데, 특히 4.0 이상의 평점을 가진 장소를 선택하면 좋은 경험을 할 확률이 높아요. 또한 평점과 함께 제공되는 사용자 리뷰, 사진, 영업 시간 등의 정보로 한층 효율적인 여행을 계획할 수 있어요.

Unit 024 예약 확인하기

인기 식당은 예약해야 하는 곳이 많으니 사전 체크는 필수! 하지만 현장에서 바로 입장이 가능한 경우도 있으니 포기하지 마세요.

핵심 표현 익히기

🎧 MP3 024-1

예약하셨습니까?
ご予約は なさいましたか。

고요야꾸와 나사이마시따까

대화로 익히기

식당 직원

예약하셨습니까?
ご予約は なさいましたか。
고요야꾸와 나사이마시따까

예약은 하지 않았습니다.
予約は してません。
요야꾸와 시떼마셍

유리

단어 予約(よやく) 예약   なさいましたか 하셨습니까?

응용 표현 익히기 🎧 MP3 024-2

1 네, 7시에 예약한 최유리입니다.

はい、7時に 予約した チェ・ユリです。

하이 시찌지니 요야꾸시따 체 유리데스

はい、7時に 予約した チェ・ユリです。 ▶ 문장을 쓰면서 익혀요.

> 예약 시간과 이름을 정확하게 전달하세요.

2 인스타 DM으로 예약했습니다.

インスタの DMで 予約しました。

인스따노 디-에무데 요야꾸시마시따

> '전화로'는 でんわで(電話で, 뎅와데)라고 하면 돼요.

3 기다리고 있었습니다.

お待ちして おりました。

오마찌시떼 오리마시따

4 그럼 이쪽으로 오세요.

それでは こちらに どうぞ。

소레데와 코찌라니 도-조

 **TIP** 알고 가면 더 재밌는 일본 상식 ▶ 타베로그

타베로그(Tabelog)는 일본의 대표적인 맛집 검색 및 예약 플랫폼으로, 일본인들이 가는 현지 맛집 정보를 얻는 데 유용해요. 사용자 리뷰와 평점을 기반으로 전국 레스토랑 정보를 제공하고 있는데, 3.5점 이상이면 맛집으로 볼 수 있어요. 어플은 한국어 지원이 안 되므로, 웹사이트를 이용하는 것이 편리해요.

Unit 025 대기 안내받기

인기 식당이나 술집은 붐비는 시간에 가면 만석인 경우가 대부분인데요, 이때 사용할 수 있는 문장을 알아볼게요.

핵심 표현 익히기

🎧 MP3 025-1

지금은 만석입니다.
只今 満席です。
ただいま まんせき

타다이마 만세끼데스

대화로 익히기

식당 직원

죄송하지만, 지금은 만석입니다. 조금만 기다려 주시겠어요?
申し訳 ございませんが、只今 満席です。
もう わけ　　　　　　　　　　　ただいま まんせき
少々 お待ちいただけますか。
しょうしょう ま

모-시와께 고자이마셍가 타다이마 만세끼데스 쇼-쇼- 오마찌 이따다께마스까

얼마나 걸릴까요?
どれぐらいですか。
도레구라이데스까

유리

단어 只今(ただいま) 지금 満席(まんせき) 만석

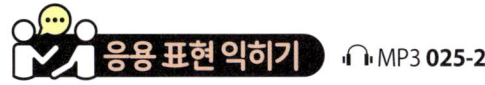 **응용 표현 익히기** 🎧 MP3 025-2

> 이름은 가타카나로 써 주세요.

① 여기에 이름을 쓰고 기다려 주세요.

こちらに 名前を 書いて お待ちください。

코찌라니 나마에오 카이떼 오마찌쿠다사이

こちらに 名前を 書いて お待ちください。　▶ 문장을 쓰면서 익혀요.

② 웨이팅 리스트에 이름을 써 주세요.

ウェイティングリストに 名前を 書いて ください。

웨이띵구리스또니 나마에오 카이떼 쿠다사이

③ 합석도 괜찮으신가요?

相席でも よろしいですか。

아이세끼데모 요로시-데스까

④ 다음에 다시 올게요.

またに します。

마따니 시마스

 TIP　알고 가면 더 재밌는 일본 상식 ▶ 줄 서기 문화

일본의 음식 문화는 계절성과 품질을 중요시하여 특별한 경험을 추구하다 보니 우리와 마찬가지로 맛집에서 줄을 서는 모습을 쉽게 볼 수 있는데요, 일본에서는 줄 서기가 매우 중요한 사회적 매너예요. 사람들은 역, 상점, 맛집 등에서 정해진 위치에 줄을 서서 차례를 지키며 앞사람과 적당한 간격을 유지해요.

Unit 026 자리 안내받기

드디어 기다리던 순서가 와서 자리를 안내받게 되었어요. 원하는 자리를 요청할 수 있다면 더 좋겠죠!

핵심 표현 익히기

🎧 MP3 026-1

오래 기다리셨습니다.
お待たせしました。
오마따세시마시따

대화로 익히기

식당 직원: 오래 기다리셨습니다. 이쪽으로 오세요.
お待たせしました。こちらへ どうぞ。
오마따세시마시따 코찌라에 도-조

유리: 네.
はい。
하이

단어 待たせる(またせる) 기다리게 하다　こちら 이쪽

응용 표현 익히기 🎧 MP3 026-2

1 창가 자리로 주실 수 있나요?

窓際の 席に して いただけますか。

마도기와노 세끼니 시떼 이따다께마스까

窓際の 席に して いただけますか。　　▶ 문장을 쓰면서 익혀요.

2 테라스석으로 부탁할 수 있을까요?

テラス席 お願いできますか。

테라스세끼 오네가이데끼마스까

3 저 자리로 옮겨도 될까요?

あの 席に 移っても いいですか。

아노 세끼니 우쯧떼모 이-데스까

> 자리를 옮기기 전에 직원의 허가를 구하세요.

4 입구 근처는 좀….

入口付近は ちょっと……。

이리구찌후낑와 춋또

 TIP 알고 가면 더 재밌는 일본 상식 ▶ 자리 안내 문화

일본 식당에서는 식당 측의 안내를 기다리는 것이 일반적이에요. 다양한 이유가 있지만, 그 중에서 대표적으로 예약 여부 확인, 적절한 좌석 배정(테이블 또는 카운터), 인원에 맞는 자리 안내, 식당의 효율적인 좌석 관리, 일본의 서비스 문화와 예의 존중, 이러한 과정을 통해 식당은 원활한 운영과 모든 손님에게 최상의 서비스를 제공하게 된다고 보고 있어요.

Unit 027 금연석 요청하기

실내 흡연이 가능한 나라 중 하나인 일본은 식당이나 술집에 흡연 구역이나 흡연실이 있는 경우가 많아요.

핵심 표현 익히기

🎧 MP3 027-1

금연석과 흡연석 중 어느 쪽으로 하시겠습니까?

禁煙席と 喫煙席 どちらに なさいますか。
きんえんせき　きつえんせき

킹엔세끼또 키쯔엔세끼 도찌라니 나사이마스까

대화로 익히기

식당 직원

금연석과 흡연석 중 어느 쪽으로 하시겠습니까?
禁煙席と 喫煙席 どちらに なさいますか。
きんえんせき　きつえんせき
킹엔세끼또 키쯔엔세끼 도찌라니 나사이마스까

금연석으로요.
禁煙席で。
きんえんせき
킹엔세끼데

유리

단어를 바꿔서 연습해 보세요.
喫煙席(きつえんせき) 키쯔엔세끼 흡연석

단어 禁煙席(きんえんせき) 금연석　喫煙席(きつえんせき) 흡연석

응용 표현 익히기 MP3 027-2

1 흡연석으로 부탁합니다.
喫煙席で お願いします。
키쯔엔세끼데 오네가이시마스

喫煙席で お願いします。　　　　　　　　　▶ 문장을 쓰면서 익혀요.

2 현재 준비되는 자리는 흡연석뿐입니다.
現在、ご用意できるのは 喫煙席のみとなります。
겐자이 고요-이데끼루노와 키쯔엔세끼노미또나리마스

3 아이가 있어서 흡연석 근처는 좀….
子供が いるので 喫煙席の 近くは ちょっと……。
코도모가 이루노데 키쯔엔세끼노 치까꾸와 춋또

4 흡연실 근처에는 앉고 싶지 않은데요.
喫煙所 近くには 座りたく ないんですけど。
키쯔엔죠 치까꾸니와 스와리따꾸 나인데스께도

TIP 알고 가면 더 재밌는 일본 상식 ▶ 실내 흡연 구역

일본에서는 아직도 식당이나 술집에서 실내 흡연이 가능한 경우가 많아요. 2020 도쿄 올림픽 준비 과정에서 실내 흡연을 전면 금지하는 법안이 추진되었으나, 업계의 반발로 인해 일부 완화된 형태로 시행되었어요. 실내 흡연을 점차 규제하고 있는 추세이지만, 일부 장소에서는 여전히 허용되고 있는 상황이에요.

Unit 028 메뉴판 요청하기

관광지에 있는 큰 식당에는 한국어나 영어 표기 메뉴판도 있으니 요청해 보세요.

핵심 표현 익히기

🎧 MP3 028-1

한국어 메뉴판은 없나요?
韓国語の メニューは ありませんか。
캉꼬꾸고노 메뉴-와 아리마셍까

대화로 익히기

유리

한국어 메뉴판은 없나요?
韓国語の メニューは ありませんか。
캉꼬꾸고노 메뉴-와 아리마셍까

네, 갖다드릴게요.
はい、お持ちいたします。
하이 오모찌이따시마스

식당 직원

● 단어를 바꿔서 연습해 보세요.
英語(えいご) 에-고 영어

단어 韓国語(かんこくご) 한국어   メニュー 메뉴(판)

응용 표현 익히기  MP3 028-2

1 메뉴판 갖다주실래요?

メニュー 持って きて もらえますか。

메뉴- 못떼 키떼 모라에마스까

メニュー 持って きて もらえますか。　▶ 문장을 쓰면서 익혀요.

2 여기 메뉴판입니다.

こちら メニューに なります。

코찌라 메뉴-니나리마스

3 와인 메뉴도 보시겠습니까?

ワインメニューも ご覧に なりますか。

와임메뉴-모 고란니나리마스까

4 저희 가게에서는 오더 패드 주문 방식을 사용하고 있습니다.

当店では タッチパネルでの ご注文に なります。

토-뗀데와 탓찌빠네루데노 고쮸-몬니나리마스

 TIP 알고 가면 더 재밌는 일본 상식 ▶ **오토시**

오토시(お通し, おとおし)는 일본 이자카야에서 주문 없이 제공되는 간단한 요리예요. 주로 술과 함께 나오며, 메인 요리가 나오기 전에 제공돼요. 자릿세 개념이기 때문에 요금이 인당 청구되는데, 보통 300~500엔 정도예요. 간사이 지역에서는 '쓰키다시'라고 부르기도 해요.

Unit 029 메뉴 추천받기

처음 가는 식당에서는 식당 직원에게 메뉴를 추천받으세요. 그날의 특별한 메뉴를 알려 줄 거예요.

핵심 표현 익히기

🎧 MP3 029-1

추천 메뉴는 무엇인가요?
お勧めは 何ですか。
오스스메와 난데스까

대화로 익히기

유리

여기요. 추천 메뉴는 무엇인가요?
すみません、お勧めは 何ですか。
스미마셍 오스스메와 난데스까

오늘의 추천 메뉴는 이것입니다.
今日の お勧めは こちらです。
쿄-노 오스스메와 코찌라데스

식당 직원

단어를 바꿔서 연습해 보세요.
白ワイン(しろワイン) 시로와잉 화이트 와인
赤ワイン(あかワイン) 아까와잉 레드 와인

단어 お勧め(おすすめ) 추천　今日(きょう) 오늘

응용 표현 익히기 🎧 MP3 029-2

1 뭔가 추천하는 게 있나요?

何か お勧めは ありますか。
なに　　　すす

나니까 오스스메와 아리마스까

何か お勧めは ありますか。　　　▶ 문장을 쓰면서 익혀요.

---

2 어떤 와인을 추천하나요?

どの ワインが お勧めですか。
　　　　　　　　　すす

도노 와잉가 오스스메데스까

---

3 고기와 생선, 무엇을 좋아하시나요?

肉と 魚、何が お好きですか。
にく　 さかな なに　 す

니꾸또 사까나 나니가 오스끼데스까

> 손님의 대략의 취향을 파악해서 추천해 주기도 해요.

---

4 생선 쪽을 좋아해요.

魚の 方が 好きです。
さかな ほう　す

사까나노 호-가 스끼데스

TIP 알고 가면 더 재밌는 일본 상식 ▶ **오마카세**

오마카세(お任せ)는 '맡긴다'는 뜻으로, 요리사가 그날의 신선한 재료로 메뉴를 구성하는 걸 말해요. 고객은 메뉴 선택을 요리사에게 맡기며, 다양한 요리를 통해 예측 불가능한 맛의 여정을 경험할 수 있어요. 초기에는 초밥집에서 시작되어 다양한 식당으로 확산되었어요.

Unit 030 메뉴 문의 1

메뉴를 잘 몰라도 원하는 종류를 말하면 식당 직원이 추천해 주기도 하니 이런 표현도 알아 두세요.

핵심 표현 익히기

🎧 MP3 030-1

매운 음식이 먹고 싶은데요.
辛いものが 食べたいんですが。
카라이모노가 타베따인데스가

대화로 익히기

유리

매운 음식이 먹고 싶은데요.
辛いものが 食べたいんですが。
카라이모노가 타베따인데스가

● 단어를 바꿔서 연습해 보세요.
温かい(あたたかい) 아따따까이 따뜻한
冷たい(つめたい) 츠메따이 차가운, 시원한

매운 음식이라면 이것을 추천합니다.
辛いものでしたら こちらが お勧めです。
카라이모노데시따라 코찌라가 오스스메데스

식당 직원

단어 辛い(からい) 맵다　食べる(たべる) 먹다　お勧め(おすすめ) 추천

응용 표현 익히기 🎧 MP3 030-2

1 어떤 음식을 먹고 싶나요?

どんな ものが 食べたいですか。
돈나 모노가 타베따이데스까

どんな ものが 食べたいですか。 ▶ 문장을 쓰면서 익혀요.

2 국물이 있는 음식을 먹고 싶은데요.

汁物が ほしいんですけど。
시루모노가 호시인데스께도

> 일본 음식이 아닌 국물은 スープ(스-프)라고도 해요.

3 한국 음식이 먹고 싶어요.

韓国料理が 食べたいんです。
캉꼬꾸료-리가 타베따인데스

> 일본 음식은 わしょく(和食, 와쇼꾸)라고 해요.

4 면 종류가 먹고 싶은데요.

麺類が 食べたいんですけど。
멘루이가 타베따인데스께도

TIP 알고 가면 더 재밌는 일본 상식 ▶ 맛을 표현하는 형용사

달다	あまい 아마이	맵다	からい 카라이
시다	すっぱい 습빠이	싱겁다	うすい 우스이
짜다	しょっぱい 숍빠이	느끼하다	あぶらっこい 아부락꼬이
맛있다	おいしい 오이시-	맛없다	まずい 마즈이

101

Unit 031 메뉴 문의2

다른 손님이 먹고 있는 음식이 맛있어 보인다면 이렇게 물어보세요.

핵심 표현 익히기

🎧 MP3 031-1

저건 무슨 음식인가요?
あれは どんな 料理ですか。
아레와 돈나 료-리데스까

대화로 익히기

유리

저건 무슨 음식인가요?
あれは どんな 料理ですか。
아레와 돈나 료-리데스까

아, 저것은 소고기덮밥이에요.
あ、あれは 牛丼です。
아 아레와 규-돈데스

식당 직원

단어를 바꿔서 연습해 보세요.
カレーうどん 카레-우동 카레 우동
みそラーメン 미소라-멘 된장 라멘

단어 あれ 저것   どんな 어떤   料理(りょうり) 요리

102

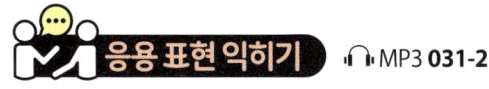 **응용 표현 익히기** 🎧 MP3 031-2

1 저거랑 같은 걸로 주세요.

あれと 同(おな)じ ものを ください。

아레또 오나지 모노오 쿠다사이

あれと 同じ ものを ください。 ▶ 문장을 쓰면서 익혀요.

2 소고기덮밥 하나 맞으시죠? (주문 확인)

牛丼(ぎゅうどん)を 一(ひと)つですね。

규-동오 히또쯔데스네

> 다양한 재료에 -どん(丼, 동)을 덧붙여 사용할 수 있는데, 이것은 '덮밥'이라는 뜻이에요.

3 이건 무슨 고기예요?

これは 何(なん)の 肉(にく)ですか。

코레와 난노 니꾸데스까

> '채소'는 やさい(野菜, 야사이)라고 해요.

4 이건 돼지고기예요.

これは 豚肉(ぶたにく)です。

코레와 부따니꾸데스

 TIP 알고 가면 더 재밌는 일본 상식 ▶ 일단 생맥주!

'토리아에즈 나마(とりあえず生)'는 일본 이자카야에서 흔히 사용되는 표현으로, '일단 생맥주 주세요'라는 뜻이에요. 이는 일본의 술 문화를 반영하며, 손님들이 자리에 앉자마자 주로 생맥주를 먼저 주문하는 관습에서 온 문화예요. 이 문화는 편안한 분위기를 조성하고 메뉴 선택 시간을 벌어 주는 주문 단계의 흐름의 하나로 자리 잡았어요.

Unit 032 주문하기

드디어 메뉴를 결정하고 주문하게 됐어요. 이제 주문할 때 사용하는 문장을 알아볼게요.

핵심 표현 익히기

MP3 032-1

메뉴는 결정하셨나요?
ご注文は お決まりですか。
고쮸-몽와 오끼마리데스까

대화로 익히기

식당 직원

메뉴는 결정하셨나요?
ご注文は お決まりですか。
고쮸-몽와 오끼마리데스까

네, 이거랑 이거 주세요.
はい、これと これ ください。
하이 코레또 코레 쿠다사이

유리

● 단어를 바꿔서 연습해 보세요.
サラダ 사라다 샐러드
ライス 라이스 밥

단어 注文(ちゅうもん) 주문　決まり(きまり) 결정

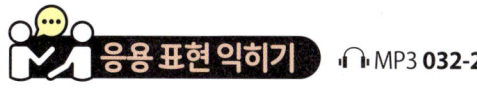 응용 표현 익히기　🎧 MP3 032-2

① 곱빼기로 되나요?

大盛りに できますか。

오-모리니 데끼마스까

가게에 따라서는 시간대에 따라서 밥 곱빼기가 무료인 곳도 있어요.

大盛りに できますか。　▶ 문장을 쓰면서 익혀요.

② 고기 추가해 주세요.

お肉の 追加 お願いします。

오니꾸노 츠이까 오네가이시마스

③ 주문을 확인하겠습니다.

ご注文を 確認させて いただきます。

고쮸-몽오 카꾸닌사세떼 이따다끼마스

④ 더 필요한 것은 없으신가요?

以上で よろしかったでしょうか。

이죠-데 요로시깟따데쇼-까

더 필요한 것이 없다면 はい(하이)라고 답하면 돼요.

 TIP 알고 가면 더 재밌는 일본 상식 ▶ **다양한 부위를 즐기는 야키니쿠**

일본 여행을 가면 야키니쿠(焼肉 やきにく)를 즐겨 보세요! 야키니쿠는 불판에서 즉석으로 고기를 구워 먹는 일본 요리로, 우리나라의 고기구이 문화가 일본에 전파되어 발전한 것이라고 해요. 일본의 야키니쿠 가게는 소고기, 돼지고기, 닭고기 등을 한 가게에서 함께 취급할 뿐 아니라, 메뉴가 부위별로 세분화되어 있어 다양한 부위를 골고루 맛볼 수 있는 것이 큰 특징이에요.

Unit 033 음식에 문제가 있을 때

기다리고 기다리던 음식이 나왔는데 내가 주문한 거랑 다른 음식이 나오거나, 아무리 기다려도 음식이 나오지 않을 때는 이렇게 말하세요.

핵심 표현 익히기

🎧 MP3 033-1

주문한 것과 다른데요.

頼んだのと 違いますが。

타논다노또 치가이마스가

대화로 익히기

유리

이거 주문한 것과 다른데요.
これ 頼んだのと 違いますが。
코레 타논다노또 치가이마스가

죄송합니다. 바로 확인하겠습니다.
失礼しました。すぐ 確認いたします。
시쯔레-시마시따 스구 카꾸닝이따시마스

식당 직원

단어 頼む(たのむ) 부탁하다 違う(ちがう) 다르다, 틀리다

 **응용 표현 익히기** 🎧 MP3 033-2

1 이거 안 시켰어요.

これ 頼(たの)んでません。

코레 타논데마셍

これ 頼んでません。 ▶ 문장을 쓰면서 익혀요.

2 맛이 이상한데요.

味(あじ)が 変(へん)ですけど。

아지가 헨데스께도

3 주문한 것이 아직 안 나왔는데요.

注文(ちゅうもん)した ものが まだ 来(こ)ないのですが。

츄-몬시따 모노가 마다 코나이노데스가

4 주문을 취소할 수 있을까요?

注文(ちゅうもん)を キャンセル できますか。

츄-몽오 캰세루 데끼마스까

 TIP 알고 가면 더 재밌는 일본 상식 ▶ **유명한 라멘 체인점**

❶ **이치란**(一蘭) 돈코쓰 라멘으로 유명하고, 각 좌석이 칸막이로 구분되어 개인적인 공간에서 즐길 수 있어요.
❷ **마루겐 라멘**(丸源ラーメン) 숙성 간장 라멘이 유명하고, 고기와 함께 제공되는 메뉴가 인기예요.
❸ **야마오카야**(山岡家) 돼지뼈 육수로 유명하고, 모든 체인점이 직영으로 운영되어 품질 관리가 철저해요.
❹ **쿠루마야 라멘**(くるまやラーメン) 미소 라멘이 유명하고, 관광버스를 개조해 시작한 독특한 체인점이에요.
❺ **텐카잇핀**(天下一品) 진한 닭 육수의 라멘으로 유명하고, 일본 전역에 많은 지점을 두고 있어요.

Unit 034 추가 요청하기

식사를 하다가 추가로 필요한 것이 있을 때 일본어로 이렇게 물어보세요.

핵심 표현 익히기

🎧 MP3 034-1

간장 있나요?
醤油 ありますか。
しょう ゆ
쇼-유 아리마스까

대화로 익히기

유리

간장 있나요?
醤油 ありますか。
しょう ゆ
쇼-유 아리마스까

네, 갖다드릴게요.
はい、お持ちいたします。
も
하이 오모찌이따시마스

식당 직원

● 단어를 바꿔서 연습해 보세요.
こしょう 코쇼- 후추
塩(しお) 시오 소금

단어   醤油(しょうゆ) 간장   ある 있다

108

 **응용 표현 익히기** MP3 034-2

① 밥 리필 되나요?

ごはんの おかわり できますか。
고한노 오까와리 데끼마스까

ごはんの おかわり できますか。　　　▶ 문장을 쓰면서 익혀요.

② 추가 주문으로 가능합니다. (유료입니다)

追加 注文になりますが。
츠이까 츄-몬니나리마스가

③ 무료 리필입니다.

おかわり 自由です。
오까와리 지유-데스

> 패밀리 레스토랑 등에서는 음료 코너(ドリンクバー) 이용을 추가하면 음료를 리필해서 마실 수 있어요.

④ 음료는 셀프서비스이니 편하게 드세요.

飲み物は セルフサービスですので、ご自由に どうぞ。
노미모노와 세루후사-비스데스노데 고지유-니 도-조

 TIP 알고 가면 더 재밌는 일본 상식 ▶ **일본의 대표적인 규동 체인점**

❶ 요시노야(吉野家) 1899년에 설립된 일본에서 가장 오래된 규동 체인으로 부드러운 소고기를 달콤하고 짭짤한 간장 베이스 소스에 조리하며, 학생과 직장인들에게 인기가 높아요.
❷ 스키야(すき家) 풍부하고 강한 풍미와 날달걀, 김치, 카레 등 다양한 토핑, 개별 부스가 특징이에요.
❸ 마쓰야(松屋) 푸짐한 양과 경쟁력 있는 가격으로 규동 외에도 덮밥, 카레, 국수 등 다양한 메뉴를 제공하며, 셀프서비스 조미료 바가 있어 고객이 취향에 맞게 토핑을 추가할 수 있어요.

Unit 035 비품 요청하기

식당에서 식사를 하다 보면 이것저것 필요한 게 있을 수 있는데요, 이 과의 표현들을 익혀 당당하게 요청하세요.

핵심 표현 익히기

🎧 MP3 035-1

앞치마 주세요.
エプロン ください。
에쁘롱 쿠다사이

대화로 익히기

유리

앞치마 주세요.
エプロン ください。
에쁘롱 쿠다사이

하나만 드리면 될까요?
お一つで よろしいですか。
오히또쯔데 요로시-데스까

식당 직원

● 단어를 바꿔서 연습해 보세요.
  お水(おみず) 오미즈 물
  おしぼり 오시보리 물수건

단어 エプロン 앞치마   ください 주세요   よろしい 좋다

110

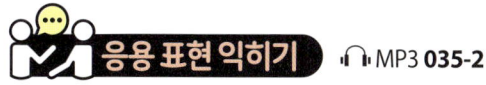 응용 표현 익히기 🎧 MP3 035-2

1 앞접시 주실 수 있나요?

取り皿を いただけますか。

토리자라오 이따다께마스까

取り皿を いただけますか。　　　▶ 문장을 쓰면서 익혀요.

2 어린이용 스푼과 포크 받을 수 있을까요?

子供用の スプーンと フォークを もらえますか。

코도모요-노 스뿌-ㄴ 또 호-꾸오 모라에마스까

3 가위를 빌려주실 수 있나요?

はさみを 貸して もらえますか。

하사미오 카시떼 모라에마스까

> 일본의 식당 중에도 식 가위가 준비되어 있는 곳이 있어요.

4 젓가락을 떨어뜨렸어요.

お箸を 落として しまいました。

오하시오 오또시떼 시마이마시따

 TIP 알고 가면 더 재밌는 일본 상식 ▶ 일본의 대표적인 패밀리 레스토랑

❶ **사이제리야**(Saizeriya) 이탈리안 요리를 전문으로 하며, '매일 먹어도 질리지 않는 맛'을 추구해요.
❷ **가스토**(Gusto) 일본식 요리와 다양한 국제 요리를 저렴하게 제공하며, 디저트와 음료도 좋아요.
❸ **조이풀**(Joyfull) 다양한 메뉴를 합리적인 가격에 제공해요.
❹ **코코스**(Coco's) 고급스러운 느낌의 패밀리 레스토랑으로, 다양한 일본식 및 서양식 요리를 제공해요.
❺ **바미얀**(Bamiyan) 중화요리 전문 패밀리 레스토랑으로, 저렴한 가격에 다양한 중화 요리를 즐길 수 있어요.

Unit 036 패스트푸드 주문하기 1

여행지에서 꼭 가 보고 싶었던 브랜드의 패스트푸드점이 있거나, 시간과 비용을 아끼고 싶을 때도 패스트푸드점에 가게 되는데요, 패스트푸드점에서 사용할 수 있는 문장을 알아볼게요.

핵심 표현 익히기

🎧 MP3 036-1

단품과 세트가 있습니다.
単品と セットが ございますが。
<small>たん ぴん</small>

탐삔또 셋또가 고자이마스가

대화로 익히기

식당 직원

단품과 세트가 있습니다.
単品と セットが ございますが。
<small>たんぴん</small>
탐삔또 셋또가 고자이마스가

단품으로 주세요.
単品で お願いします。
<small>たんぴん　　　ねが</small>
탐삔데 오네가이시마스

유리

• 단어를 바꿔서 연습해 보세요.
　セット 셋또 세트

단어 単品(たんぴん) 단품　ございますが 있습니다만

응용 표현 익히기 🎧MP3 036-2

1 세트 메뉴 있나요?

セットメニューは ありますか。

셋또메뉴-와 아리마스까

セットメニューは ありますか。　　　▶ 문장을 쓰면서 익혀요.

2 네, 있습니다. 이쪽이 세트 메뉴입니다.

はい、ございます。こちらが セットメニューです。

하이 고자이마스 코찌라가 셋또메뉴-데스

3 아이스와 뜨거운 것 중 어느 쪽으로 하시겠어요?

アイスと ホットと、どちらに なさいますか。

아이스또 홋또또 도찌라니 나사이마스까

> 영어의 hot을 사용해서 ホット(홋또)라고 해요.

4 뜨거운 걸로 부탁합니다.

ホットを お願(ねが)いします。

홋또오 오네가이시마스

 TIP 알고 가면 더 재밌는 일본 상식 ▶ **일본의 대표적인 이자카야 체인점**

❶ **도리키조쿠**(鳥貴族) 야키토리(닭꼬치구이)를 메인으로 하는 이자카야
❷ **쇼야**(庄や) 실력파 요리사가 운영하는 대중 술집
❸ **아카카라**(赤から) 매운맛을 11단계로 선택 가능한 전골요리 전문점
❹ **요로노타키**(養老乃瀧) 60년 이상의 역사를 가진 이자카야

Unit 037 패스트푸드 주문하기 2

패스트푸드점에 가면 포장해서 가지고 갈지 매장에서 먹을지 물어봅니다.
어떻게 말하면 좋을지 알아볼게요.

핵심 표현 익히기

🎧 MP3 037-1

드시고 가시나요?
こちらで お召し上がりですか。

코찌라데 오메시아가리데스까

대화로 익히기

식당 직원

드시고 가시나요? 아니면 포장이세요?
**こちらで お召し上がりですか、
お持ちかえりですか。**

코찌라데 오메시아가리데스까 오모찌까에리데스까

여기서요.
こちらで。

코찌라데

유리

단어 召し上がる(めしあがる) 드시다, 잡수시다   持ちかえる(もちかえる) 가지고 돌아가다

응용 표현 익히기 🎧 MP3 037-2

1 포장으로요.

持ちかえりで。

모찌까에리데

持ちかえりで。　　　　　　　　　　　　　▶ 문장을 쓰면서 익혀요.

2 카운터 왼쪽으로 이동해 주세요.

カウンター 左手側に お進みになって ください。

카운따- 히다리떼가와니 오스스미니낫떼 쿠다사이

3 번호표를 갖고 테이블에서 기다려 주세요.

番号札を お持ちになり、テーブルで お待ちください。

방고-후다오 오모찌니나리 테-부루데 오마찌쿠다사이

4 5번 손님, 오래 기다리셨습니다. 여기요.

5番の 方、お待たせしました。どうぞ。

고반노 카따 오마따세시마시따 도-조

TIP 알고 가면 더 재밌는 일본 상식 ▶ 일본 식당의 소비세

일본의 소비세는 현재 10%입니다. 하지만 모든 품목이 다 10%인 것은 아닙니다. 가령 식당의 경우 매장 내에서 식사를 하면 10%의 소비세를 내야 하지만, 테이크아웃(포장)을 할 때는 소비세를 8%만 내면 됩니다. 일본 정부는 식료품에 대해 8%의 경감세율을 적용하고 있는데, 테이크아웃은 이 범주에 포함되기 때문입니다.

Unit 038 음료 주문하기

패스트푸드점이나 카페에서 음료를 주문할 때 사용할 수 있는 문장을 알아볼게요.

핵심 표현 익히기

🎧 MP3 038-1

사이즈는 어느 것으로 하시겠어요?
サイズは どれに なさいますか。
사이즈와 도레니 나사이마스까

대화로 익히기

식당 직원

사이즈는 어느 것으로 하시겠어요?
サイズは どれに なさいますか。
사이즈와 도레니 나사이마스까

제일 작은 걸로 주세요.
一番 小さいの ください。
いちばん ちい
이찌방 치이사이노 쿠다사이

유리

단어 一番(いちばん) 가장, 제일   小さいの(ちいさいの) 작은 것

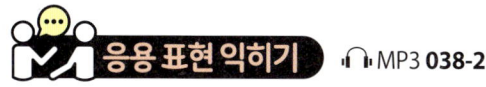 응용 표현 익히기 MP3 038-2

1 제일 큰 걸로 주세요.

一番 大きいの ください。

이찌방 오-끼-노 쿠다사이

一番 大きいの ください。 ▶ 문장을 쓰면서 익혀요.

2 사이즈는 무엇이 있나요?

サイズは 何が ありますか。

사이즈와 나니가 아리마스까

3 S, M, L 3개의 사이즈가 있습니다.

S, M, Lの 3つの サイズが ございます。

에스 에무 에루노 밋쯔노 사이즈가 고자이마스

4 S로 주세요.

Sを ください。

에스오 쿠다사이

> 스타벅스 등 커피 전문점에서는 사이즈를 숏, 톨, 그란데로 구분하기도 해요.

 **TIP** 알고 가면 더 재밌는 일본 상식 ▶ 일본의 스타벅스 커피 사이즈

일본에도 스타벅스가 정말 많아요. '스타벅스'는 일본어로 スターバックス(스타-박쿠스), 또는 줄여서 スタバ(스타바)라고 해요. 스타벅스의 커피 사이즈는 우리나라와 마찬가지로 Short(ショート, 쇼-또), Tall(トール, 토-루), Grande(グランデ, 그란데), Venti(ベンティ, 벤티)로 네 가지가 있어요. 혹시 일본에서 스타벅스에 가게 된다면 주문할 때 이 표현들을 사용해 보세요.

Unit 039 특정 재료 제외 요청

좋아하지 않거나 못 먹는 식재료가 있다면 이렇게 요청하세요.

핵심 표현 익히기

🎧 MP3 039-1

와사비는 빼 주세요.
わさび抜(ぬ)きで お願(ねが)いします。
와사비누끼데 오네가이시마스

대화로 익히기

유리

와사비는 빼 주세요.
わさび抜(ぬ)きで お願(ねが)いします。
와사비누끼데 오네가이시마스

네, 알겠습니다.
はい、かしこまりました。
하이 카시꼬마리마시따

식당 직원

● 단어를 바꿔서 연습해 보세요.
マヨネーズ 마요네-즈 마요네즈
ケチャップ 케짭뿌 케첩

단어 わさび 와사비, 고추냉이   ～抜き(ぬき) ~을 뺌

응용 표현 익히기 🎧MP3 039-2

① 저는 파 빼고 부탁드려요.

私には ねぎなしで お願いします。

와따시니와 네기나시데 오네가이시마스

私には ねぎなしで お願いします。　　　▶ 문장을 쓰면서 익혀요.

② 이 요리를 마늘을 빼고 요리해 주셨으면 합니다.

この 料理を にんにくなしで お願いしたいです。

코노 료-리오 닌니꾸나시데 오네가이시따이데스

③ 오이 뺀 샌드위치를 부탁합니다.

きゅうり抜きの サンドイッチを お願いします。

큐-리누끼노 산도잇찌오 오네가이시마스

④ 양파를 빼고 치즈버거를 부탁드릴 수 있을까요?

玉ねぎ抜きで チーズバーガーを お願いできますか。

타마네기누끼데 치-즈바-가-오 오네가이데끼마스까

알고 가면 더 재밌는 일본 상식 ▶ 일본인의 계란 사랑

일본은 세계에서 1인당 계란 소비량이 가장 많은 국가예요. 일본인들은 1인당 연평균 338개의 계란을 소비하는데, 이는 세계 평균의 2배가 넘어요. 계란은 간장계란밥과 같은 전통적인 아침 식사부터 규동과 같은 인기 요리까지 다양한 일본 요리에 사용돼요. 특히 날계란을 즐기는데요, 엄격한 규정에 따라 계란을 생산하고 검사하기 때문에 날계란 섭취에 대한 우려는 크지 않아요.

Unit 040 식품 알레르기 여부

알레르기 등 건강에 관련한 중요한 정보를 전달할 때는 종이에 정확하게 써서 보여 주는 방법이 좋아요.

핵심 표현 익히기

🎧 MP3 040-1

식품 알레르기가 있나요?
食物アレルギーは ありますか。
쇼꾸모쯔아레르기-와 아리마스까

대화로 익히기

식당 직원

뭔가 식품 알레르기가 있나요?
何か 食物アレルギーは ありますか。
나니까 쇼꾸모쯔아레르기-와 아리마스까

우유 알레르기가 있어요.
牛乳アレルギーが あります。
규-뉴-아레르기-가 아리마스

유리

● 단어를 바꿔서 연습해 보세요.
　ピーナッツ 피-낫쯔 땅콩
　小麦粉(こむぎこ) 코무기꼬 밀가루

단어 食物(しょくもつ) 식재료, 식품　アレルギー 알레르기

응용 표현 익히기 MP3 040-2

1 전혀 없어요.

まったく ありません。
맛따꾸 아리마셍

まったく ありません。　　　▶ 문장을 쓰면서 익혀요.

2 싫어하는 음식이나 알레르기는 없어요.

きらいな 食べ物や アレルギーは ありません。
키라이나 타베모노야 아레르기-와 아리마셍

3 이 파스타에 달걀이 들어가나요?

この パスタに たまごは 入って いますか。
코노 파스따니 타마고와 하잇떼 이마스까

4 새우 알레르기가 있는데 이건 괜찮은가요?

エビの アレルギーが ありますが、これは 大丈夫ですか。
에비노 아레르기-가 아리마스가 코레와 다이죠-부데스까

> **TIP** 알고 가면 더 재밌는 일본 상식 ▶ 오세치 요리
>
> 오세치 요리(おせち料理)는 가지각색의 일본 요리를 찬합에 예쁘게 담아, 새해를 축하하며 먹는 일본의 전통 설 음식이에요. 섣달그믐 때 미리 다 만들어서 차게 먹는다는 특징이 있어요. 오세치 요리는 오래 보존하기 쉽게 조림 계열이 많으며, 미리 만들어 연휴 내내 먹어요.

Unit 041 화장실 위치 묻기

일본에서는 '화장실은 어디예요?(トイレはどこですか)'라고 물어볼 때 '어디예요?(どこですか)'라는 말을 생략하기도 해요.

핵심 표현 익히기

🎧 MP3 041-1

저, 화장실은 (어디예요)?
あの、トイレは……。
아노 토이레와

대화로 익히기

유리

저, 화장실은 (어디예요)?
あの、トイレは……。
아노 토이레와

복도 끝에서 왼쪽입니다.
突き当たりの 左側です。
츠기아따리노 히다리가와데스

식당 직원

단어를 바꿔서 연습해 보세요.
右側(みぎがわ) 미기가와 오른쪽
一番 奥(いちばん おく) 이찌방 오꾸 가장 안쪽

단어 トイレ 화장실   突き当たり(つきあたり) 막다른 곳

122

 MP3 041-2

1 손을 좀 씻고 싶은데요.

ちょっと 手を 洗いたいのですが。

촛또 테오 아라이따이노데스가

ちょっと 手を 洗いたいのですが。 ▶ 문장을 쓰면서 익혀요.

2 자, 이쪽입니다.

どうぞ、こちらです。

도-조 코찌라데스

3 화장실까지 안내해 드리겠습니다.

トイレまで ご案内いたします。

토이레마데 고안나이이따시마스

4 공교롭게도 이 가게에는 화장실이 없습니다.

あいにく 当店には トイレが ありません。

아이니꾸 토-뗀니와 토이레가 아리마셍

 TIP 알고 가면 더 재밌는 일본 상식 ▶ 급할 땐 편의점 화장실로!

일본 여행 중에 급하게 화장실을 이용해야 한다면? 그럴 땐 근처 편의점을 찾아가세요. 일본 편의점들은 편의점 내부에 화장실이 구비되어 있고, 무료로 개방하는 경우가 많아요. 단, 편의점 화장실을 사용하셨다면 작은 물건이라도 구매하는 것이 에티켓이라고 여기기도 해요.

Unit 042 식권 발매기 사용

작은 규모의 식당에서는 식권 발매기를 사용하는 곳이 많아요. 사용법이 어려우면 이렇게 물어보세요.

핵심 표현 익히기

🎧 MP3 042-1

사용법을 알려 주세요.

使い方を 教えて ください。

츠까이까따오 오시에떼 쿠다사이

대화로 익히기

유리:
식권 발매기의 사용법을 알려 주세요.
券売機の 使い方を 教えて ください。
켐바이끼노 츠까이까따오 오시에떼 쿠다사이

식당 직원:
먼저 먹고 싶은 라멘을 고르세요.
まずは 食べたい ラーメンを 選んで ください。
마즈와 타베따이 라-멩오 에란데 쿠다사이

• 단어를 바꿔서 연습해 보세요.
料理(りょうり) 료-리 요리, 음식
うどん 우동 우동

단어 使い方(つかいかた) 사용법 券売機(けんばいき) 식권 발매기, 표 발매기

응용 표현 익히기 🎧 MP3 042-2

1 식권을 구입해 주세요.

食券を お求めください。

속껭오 오모또메쿠다사이

食券を お求めください。　　　　　　　　　　▶ 문장을 쓰면서 익혀요.

---

2 식권 발매기는 가게 입구에 있습니다.

券売機は 店内の 入口に あります。

켐바이끼와 텐나이노 이리구찌니 아리마스

---

3 돈을 넣고 나서 버튼을 누르세요.

お金を 入れてから ボタンを 押して ください。

오까네오 이레떼까라 보땅오 오시떼 쿠다사이

---

4 잔돈이 안 나오는데요.

おつりが 出て 来ないんですけど。

오쯔리가 데떼 코나인데스께도

TIP 알고 가면 더 재밌는 일본 상식 ▶ 가을밤의 달맞이 '쯔키미'

쯔키미(月見, つきみ)는 음력 8월 15일과 음력 9월 13일 밤에 달맞이를 하는 일본의 전통 행사입니다. 쯔키미를 대표하는 음식으로는 보름달처럼 동그란 쯔키미 단고(団子)와 보름달을 연상시키는 계란을 곁들인 쯔키미 우동, 그리고 계란프라이가 들어 있는 맥도날드 쯔키미 버거 등이 있습니다. 이중 맥도날드의 가을 한정 메뉴인 쯔키미 시리즈는 매년 기다리는 사람이 많은 정도로 큰 인기를 끄는 메뉴이니, 이 무렵 일본을 여행한다면 꼭 한번 맛보세요.

Unit 043 와이파이 사용

식당이나 커피숍에서는 손님을 대상으로 무료로 와이파이를 제공하는 곳도 있어요.
패스워드가 필요할 수도 있으니 필요한 문장을 알아볼게요.

핵심 표현 익히기

🎧 MP3 043-1

와이파이 쓸 수 있나요?
Wi-Fi 使えますか。
와이화이 츠까에마스까

대화로 익히기

유리

여기 와이파이 쓸 수 있나요?
ここ Wi-Fi 使えますか。
코꼬 와이화이 츠까에마스까

네, 패스워드는 1234입니다.
はい、パスワードは１２３４です。
하이 파스와-도와 이찌니산시데스

식당 직원

● 단어를 바꿔서 연습해 보세요.
無料(むりょう) 무료 - 무료
有料(ゆうりょう) 유-료 - 유료

단어 使える(つかえる) 사용할 수 있다　パスワード 패스워드, 비밀번호

응용 표현 익히기 🎧 MP3 043-2

1 와이파이에 패스워드 있나요?

Wi-Fiに パスワードは ありますか。
와이화이니 파스와-도와 아리마스까

Wi-Fiに パスワードは ありますか。 ▶ 문장을 쓰면서 익혀요.

---

2 와이파이 패스워드를 알려 주실 수 있나요?

Wi-Fi パスワードを 教えて いただけますか。
와이화이 파스와-도오 오시에떼 이따다께마스까

---

3 와이파이에 접속이 안 돼요.

Wi-Fiに 接続 できません。
와이화이니 세쯔조꾸 데끼마셍

---

4 와이파이에 접속하는 방법을 알려 주실 수 있나요?

Wi-Fiに 接続する 方法を 教えて いただけますか。
와이화이니 세쯔조꾸스루 호-호-오 오시에떼 이따다께마스까

 TIP 알고 가면 더 재밌는 일본 상식 ▶ 일본의 공공 와이파이

일본의 대도시에서도 공공장소에서 무료 와이파이를 사용할 수 있지만, 서비스는 점차 줄어들고 있는 추세예요. 도쿄 메트로는 차량 내 와이파이 서비스를 2024년 6월 중단했고, 도에이 버스도 2023년 말에 무료 와이파이를 종료했어요. 그 밖에 편의점이나 대형 프랜차이즈 레스토랑이나 커피숍에서는 손님들을 위해 개방형 와이파이를 제공하기도 해요.

Unit 044 계산하기 1

식사를 마치고 계산을 요청할 때 사용하는 문장을 알아볼게요.

핵심 표현 익히기

🎧 MP3 044-1

계산해 주세요.
お会計 お願いします。
かいけい / ねが

오까이께- 오네가이시마스

대화로 익히기

유리

계산해 주세요.
お会計 お願いします。
かいけい / ねが

오까이께- 오네가이시마스

네, 잠시만 기다려 주세요.
はい、少し お待ちください。
すこ / ま

하이 스꼬시 오마찌쿠다사이

식당 직원

● 단어를 바꿔서 연습해 보세요.
おつり 오쯔리 거스름돈
レシート 레시-또 영수증

단어 会計(かいけい) 계산, 정산   少し(すこし) 조금

128

응용 표현 익히기 🎧 MP3 044-2

1 이 가격과는 뭐가 다르죠?

この 価格とは 何が 違いますか。
코노 카까꾸또와 나니가 치가이마스까

> 세금을 포함한 가격 표시 방법과 포함하지 않은 가격 표시 방법이 있어요.

この 価格とは 何が 違いますか。

▶ 문장을 쓰면서 익혀요.

2 이건 세금을 포함한 금액입니다.

これは 税込みの 金額です。
코레와 제-꼬미노 킹가꾸데스

3 계산이 잘못된 거 같은데요.

会計に 間違いが あるようですが。
카이께-니 마찌가이가 아루요-데스가

4 확인해 보겠습니다.

確認させて いただきます。
카꾸닝사세떼 이따다끼마스

 TIP 알고 가면 더 재밌는 일본 상식 ▶ **술집 및 식당의 심야 요금**

일본 술집과 식당의 심야 할증 요금에 대해 아시나요? 일본의 이자카야와 패밀리 레스토랑에서는 밤 10시 이후에는 10% 정도의 심야 할증 요금을 추가로 청구하는 경우가 있는데, 이를 모르면 영수증을 보고 바가지를 썼다고 오해할 수 있어요. 심야 할증 요금을 적용하는 사례는 지속적으로 증가하는 추세로, 이는 인건비 상승과 관련이 있다고 해요. 근로기준법상 심야 근무 시에는 근로자에게 더 높은 급여를 지급해야 하기 때문이죠. 적용 시간과 할증률은 가게마다 조금 차이가 날 수 있으니 미리 물어보는 것도 좋아요.

Unit 045 계산하기2

계산할 때 일행이 먹은 것을 한 번에 지불할지, 각자 먹은 걸 지불할지 이야기할 때 사용하는 문장을 알아볼게요.

핵심 표현 익히기

🎧 MP3 045-1

일행 분과 같이 계산하시겠어요?

ご一緒で よろしいですか。

고잇쇼데 요로시-데스까

대화로 익히기

식당 직원: 일행 분과 같이 계산하시겠어요?
ご一緒で よろしいですか。
고잇쇼데 요로시-데스까

● 단어를 바꿔서 연습해 보세요.
別々(べつべつ) 베쯔베쯔 따로

유리: 네.
はい。
하이

단어 一緒(いっしょ) 같이 함 よろしい 좋다

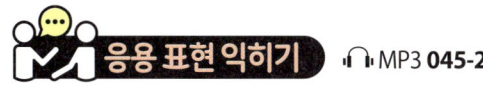 MP3 045-2

1 각자 계산할게요.
別々で お願いします。
베쯔베쯔데 오네가이시마스

別々で お願いします。 ▶ 문장을 쓰면서 익혀요.

> 순서대로 각자 먹은 메뉴를 말하면 금액을 알려 줘요.

2 다 해서 얼마인가요?
全部で いくらですか。
젬부데 이꾸라데스까

3 2,400엔입니다.
2,400円です。
니셍용햐꾸엔데스

4 여기, 거스름돈입니다.
こちら お返しです。
코찌라 오까에시데스

 알고 가면 더 재밌는 일본 상식 ▶ **1인 야키니쿠 등 혼밥 발달**

일본은 혼밥 문화가 크게 발달한 나라예요. 이런 현상은 개인주의 및 1인 가구의 증가와 밀접한 관련이 있어요. '혼밥'은 일본어로 '봇치메시(ぼっち飯)' 또는 '히토리메시(一人飯)'라고 하는데요, 과거에는 혼자서 식사하는 것이 쓸쓸하게 여겨졌지만 현재는 개인적인 시간을 즐길 수 있는 기회로 받아들여지고 있어요. 일본을 혼자 여행한다면 1인 야키니쿠에도 한번 도전해 보세요.

Unit 046 결제 수단 말하기

지불 방법에 대해서 말할 때 사용하는 문장을 알아볼게요. 일본은 신용 카드보다 현금과 전자머니가 활성화되어 있어요.

핵심 표현 익히기

🎧 MP3 046-1

카드로 부탁합니다.
カードで お願(ねが)いします。
카-도데 오네가이시마스

대화로 익히기

유리

이 카드로 부탁합니다.
この カードで お願(ねが)いします。
코노 카-도데 오네가이시마스

● 단어를 바꿔서 연습해 보세요.
　ポイントカード 포인또카-도 포인트 카드
　現金(げんきん) 겡킹 현금

네. 감사합니다.
はい、ありがとうございます。
하이 아리가또-고자이마스

식당 직원

단어 カード 카드

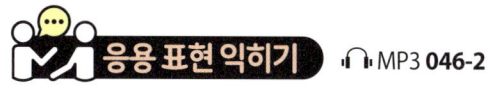 응용 표현 익히기 ⏵ MP3 046-2

① 이 카드 사용할 수 있을까요?

この カード 使えますか。

코노 카-도 츠까에마스까

この カード 使えますか。 ▶ 문장을 쓰면서 익혀요.

② 이 카드는 사용할 수 없습니다.

この カードは お使いいただけません。

코노 카-도와 오쯔까이이따다께마셍

③ 저희 가게는 현금만 취급합니다.

当店は 現金のみの 取り扱いになります。

토-뗑와 겡낀노미노 토리아쯔까이니나리마스

> 실제로 카드를 받지 않는 곳도 있으니 현금을 준비하는 게 좋아요.

④ 전자머니만 사용할 수 있습니다.

電子マネーのみの 対応に なって います。

덴시마네-노미노 타이오-니낫떼 이마스

 TIP 알고 가면 더 재밌는 일본 상식 ▶ 일본의 패밀리 레스토랑

일본의 패밀리 레스토랑은 저렴하고 다양한 메뉴를 제공하는 식당으로, 가족 단위 외식에 적합해요. 특히 드링크 바는 무한리필로 이용할 수 있지요. 학생들이나 프리랜서들이 자주 이용하며, 종종 노트북이나 책을 가지고 와서 공부하거나 일을 하는 모습을 볼 수 있어요. 일본의 패밀리 레스토랑은 혼자서도 부담 없이 이용할 수 있는 공간이기 때문에 편안하게 시간을 보낼 수 있어요.

Unit 047 영수증 받기

출장으로 가서 증빙이 필요하거나 일행과 정산이 필요한 경우는 영수증을 꼭 받아야 하는데요, 어떻게 말하면 좋을지 알아볼게요.

핵심 표현 익히기

MP3 047-1

영수증 필요하세요?

レシートは いりますか。

레시-또와 이리마스까

대화로 익히기

식당 직원

영수증 필요하세요?
レシートは いりますか。
레시-또와 이리마스까

네, 주세요.
はい、ください。
하이 쿠다사이

유리

단어 レシート 영수증   いる 필요하다

응용 표현 익히기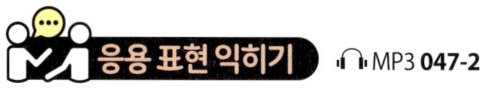

1 괜찮습니다.
大丈夫です。
다이죠-부데스

> 우리말과 마찬가지로 완곡한 거절의 의미로도 사용할 수 있어요.

▶ 문장을 쓰면서 익혀요.

2 영수증을 못 받았어요.
レシートを もらって いません。
레시-또오 모랏떼 이마셍

3 영수증을 받을 수 있을까요?
レシートを いただけますか。
레시-또오 이따다께마스까

4 물론입니다. 잠시만 기다려 주세요.
もちろんです。少々 お待ちください。
모찌론데스 쇼-쇼- 오마찌쿠다사이

 **TIP** 알고 가면 더 재밌는 일본 상식 ▶ 오모테나시

'오모테나시(おもてなし)'는 손님을 진심으로 환대하는 정신을 의미해요. 상대방을 배려하고 대가를 요구하지 않는 마음으로 서비스를 제공하는 것을 강조해요. '겉과 속이 일치하는 마음'을 바탕으로 하며, 전통적인 료칸에서 그 예를 찾아볼 수 있어요. 손님의 필요를 미리 생각하고, 세심하게 배려하는 서비스를 경험할 수 있어요.

Chapter 3 식당 필수 단어

① 레스토랑	レストラン [레스또랑]	レストラン		
② 식당	食堂(しょくどう) [쇼꾸도-]	しょくどう		
③ 가격	値段(ねだん) [네당]	ねだん		
④ 돈	お金(かね) [오까네]	おかね		
⑤ 지폐	お札(さつ) [오사쯔]	おさつ		
⑥ 감자	じゃがいも [쟈가이모]	じゃがいも		
⑦ 고구마	さつまいも [사쯔마이모]	さつまいも		
⑧ 과일	果物(くだもの) [쿠다모노]	くだもの		
⑨ 딸기	いちご [이찌고]	いちご		
⑩ 복숭아	桃(もも) [모모]	もも		

* 단어를 쓰면서 익혀요.

⑪ 사과 — りんご [링고] — りんご

⑫ 식사 — しょくじ 食事 [쇼꾸지] — しょくじ

⑬ 런치 메뉴 — ランチ [란찌] — ランチ

⑭ 밥 — はん ご飯 [고항] — ごはん

⑮ 맥주 — ビール [비-루] — ビール

⑯ 뷔페 — バイキング [바이낑구] — バイキング

⑰ 손님 — きゃく お客さん [오꺅상] — おきゃくさん

⑱ 얼음 — こおり 氷 [코-리] — こおり

⑲ 휴지 — ティッシュ [팃슈] — ティッシュ

⑳ 한 명 — ひとり 一人 [히또리] — ひとり

Chapter 4 쇼핑하기

일본 여행에서 놓칠 수 없는 즐거움, 바로 쇼핑이죠!
간단한 일본어 표현 몇 가지만 알아도 자신 있게 쇼핑할 수 있어요.
아기자기한 소품에서부터 실용 만점 물건들까지, 이제 일본어로 알차게 구매해 봐요!

Unit 048 상품 추천받기

여행에서 쇼핑을 빼놓을 수 없죠. 하지만 막상 뭘 사야 할지 망설여진다면 가게 직원에게 추천해 달라고 하세요!

핵심 표현 익히기

MP3 048-1

찾으시는 것이 있나요?
何か お探しでしょうか。
나니까 오사가시데쇼-까

대화로 익히기

가게 직원

어서 오세요. 찾으시는 것이 있나요?
いらっしゃいませ。何か お探しでしょうか。
이랏샤이마세 나니까 오사가시데쇼-까

부모님 선물인데요, 추천 상품이 있나요?
両親への お土産なんですが、お勧めは ありますか。 료-싱에노 오미야게난데스가 오스스메와 아리마스까

유리

● 단어를 바꿔서 연습해 보세요.
彼女(かのじょ) 카노죠 여자 친구
彼氏(かれし) 카레시 남자 친구

단어 何(なに) 무엇 探す(さがす) 찾다

응용 표현 익히기 🎧 MP3 048-2

1 이거 보여 주세요.

これを 見(み)せて ください。
코레오 미세떼 쿠다사이

> 생각하고 있는 제품이 있다면 스마트폰으로 제품 이미지를 보여 주면서 요청하세요.

これを 見せて ください。   ▶ 문장을 쓰면서 익혀요.

---

2 추천 제품은 뭔가요?

お勧(すす)めは どれですか。
오스스메와 도레데스까

---

3 이것은 어떠세요?

こちらは いかがですか。
코찌라와 이까가데스까

---

4 좋네요. 그걸로 할게요.

いいですね。それに します。
이-데스네 소레니 시마스

> '이것'은 これ(코레), '저것'은 あれ(아레)라고 해요.

 TIP 알고 가면 더 재밌는 일본 상식 ▶ **일본인에게 피해야 할 선물**

일본 문화에서는 부정적인 의미를 지닌 선물이 있기 때문에 주의가 필요합니다. 또한 일본인들은 선물을 받을 때 포장을 즉시 열지 않고, 선물을 준 사람이 돌아간 후에 여는 것이 일반적이에요.

❶ **칼, 손수건** 칼이나 손수건은 '관계의 단절'을 상징해요.
❷ **특정 숫자의 선물** 짝수의 선물은 불길하게 여겨지며, 특히 4(死)와 9(苦)는 '죽음'과 '고통'을 의미해요.
❸ **유리잔** 깨지기 쉬운 유리잔은 '결혼 파탄'을 의미할 수 있어 결혼 축하 선물로는 적합하지 않아요.
❹ **구두, 양말, 슬리퍼** 이러한 물품은 '짓밟는다'는 의미가 있으므로 주의해야 해요.

Unit 049 착용해 보기

마음에 드는 신발이나 옷을 발견했다면 입어 봐야겠죠? 그럴 때 사용하는 문장을 알아볼게요.

핵심 표현 익히기

🎧 MP3 049-1

이거 입어 봐도 될까요?
これを 試着しても いいですか。
코레오 시쨔꾸시떼모 이-데스까

대화로 익히기

유리

이거 입어 봐도 될까요?
これを 試着しても いいですか。
코레오 시쨔꾸시떼모 이-데스까

네, 피팅룸은 이쪽입니다.
はい、試着室は こちらです。
하이 시쨔꾸시쯔와 고찌라데스

가게 직원

● 단어를 바꿔서 연습해 보세요.
服(ふく) 후꾸 옷
靴(くつ) 쿠쯔 신발

단어 試着(しちゃく) 시착, 착용해 봄 試着室(しちゃくしつ) 시착실, 피팅룸

142

응용 표현 익히기 🎧 MP3 049-2

1 피팅룸은 어디인가요?

試着室は どこですか。

시쨔꾸시쯔와 도꼬데스까

試着室は どこですか。　　　　　　　　　▶ 문장을 쓰면서 익혀요.

2 이거 신어 봐도 될까요?

これ、履いて みても いいですか。

코레 하이떼 미떼모 이-데스까

3 네, 사이즈는 어떻게 되시나요?

はい、サイズは 何ですか。

하이 사이즈와 난데스까

4 어떠신가요?

いかがですか。

이까가데스까

> '어떠셨나요?'는 いかがでしたか(이까가데시따까)라고 해요.

TIP 알고 가면 더 재밌는 일본 상식 ▶ 일본의 신발 사이즈 표기

우리나라는 신발 사이즈를 밀리미터(mm)를 사용해 표현하지만, 일본에서는 센티미터(cm) 단위로 표현해요. 원하는 사이즈를 숫자와 함께 'センチ(센찌)'라는 단어를 붙여서 간단히 요청하면 되는데요, 예를 들어 240mm는 24cm(니쥬-욘센찌), 그리고 275mm는 27.5cm(니쥬-나나뗑고센찌)라고 표현하면 돼요.

Unit 050 사이즈 문의하기

옷은 마음에 드는데 사이즈가 맞지 않는다면 다른 사이즈를 요청하세요.

핵심 표현 익히기

🎧 MP3 050-1

사이즈는 어떠세요?
サイズは いかがですか。
사이즈와 이까가데스까

대화로 익히기

가게 직원

사이즈는 어떠세요?
サイズは いかがですか。
사이즈와 이까가데스까

조금 크네요.
少し 大きいですね。
스꼬시 오-끼-데스네

유리

● 단어를 바꿔서 연습해 보세요.
きつい 키쯔이 (꽉) 끼다

단어 サイズ 사이즈 いかがですか 어떠십니까? 大きい(おおきい) 크다

144

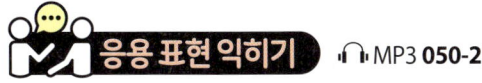
응용 표현 익히기 🎧 MP3 050-2

1 조금 작네요.

少し 小さいですね。
すこ　ちい

스꼬시 치-사이데스네

少し 小さいですね。　　　　　　　　　▶ 문장을 쓰면서 익혀요.

2 좀 더 큰 사이즈를 가져오겠습니다.

もっと 大きい サイズを お持ちします。
おお　　　　　も

못또 오-끼- 사이즈오 오모찌시마스

---

3 L 사이즈 있나요?

Lサイズ ありますか。

에루사이즈 아리마스까

> 'M사이즈'는 エムサイズ(에무사이즈)라고 해요.

---

4 프리 사이즈입니다.

フリーサイズです。

후리-사이즈데스

TIP 알고 가면 더 재밌는 일본 상식 ▶ 옷 사이즈 관련 표현

일본에서 의류의 치수는 센티미터(cm) 단위로 측정되며, 다음과 같은 용어가 사용됩니다.

기장	きたけ(着丈) 키따께		어깨 폭	かたはば(肩幅) 카따하바
팔 길이	そでたけ(袖丈) 소데따께		가슴둘레	きょうい(胸囲) 쿄-이
허리 둘레	ウエスト 우에스또		엉덩이 둘레	ヒップ 힙뿌

Unit 051 색상 문의하기

다른 색상을 요청하고 싶을 때 사용하는 표현을 알아볼게요.

핵심 표현 익히기

🎧 MP3 051-1

다른 색은 없나요?
他の 色は ありませんか。
호까노 이로와 아리마셍까

대화로 익히기

유리

다른 색은 없나요?
他の 色は ありませんか。
호까노 이로와 아리마셍까

검정과 흰색이 있습니다.
黒と 白が あります。
쿠로또 시로가 아리마스

가게 직원

● 단어를 바꿔서 연습해 보세요.
　黄色(きいろ) 키-로 노란색
　緑色(みどりいろ) 미도리이로 녹색

단어　他の(ほかの) 다른　色(いろ) 색(깔), 색상

146

응용 표현 익히기 🎧 MP3 051-2

1 어떤 색이 좋으세요?

どんな 色が よろしいですか。

돈나 이로가 요로시-데스까

どんな 色が よろしいですか。　▶ 문장을 쓰면서 익혀요.

2 빨강으로 할게요.

赤に します。

아까니 시마스

3 빨강이 잘 어울리세요.

赤が お似合いです。

아까가 오니아이데스

4 색상은 흰색밖에 없습니다.

色は 白のみと なって おります。

이로와 시로노미또낫떼 오리마스

TIP 알고 가면 더 재밌는 일본 상식 ▶ 색상 관련 표현

빨강	あか(赤) 아까	파랑	あお(青) 아오	초록	みどり(緑) 미도리
노랑	きいろ(黄色) 키-로	분홍	ピンク 핑꾸	흰색	しろ(白) 시로
검정색	くろ(黒) 쿠로	보라	むらさき(紫) 무라사끼	갈색	ちゃいろ(茶色) 차이로
회색	はいいろ(灰色) 하이이로				

147

Unit 052 화장품 가게에서

화장품 가게에서는 제품명뿐만 아니라 피부 타입이나 제형감에 대해서도 말할 수 있으면 좋겠죠.

핵심 표현 익히기

🎧 MP3 052-1

피부 타입이 어떻게 되세요?
なに<ruby>肌<rt>はだ</rt></ruby>ですか。
나니하다데스까

대화로 익히기

가게 직원

피부 타입이 어떻게 되세요?
なに<ruby>肌<rt>はだ</rt></ruby>ですか。
나니하다데스까

건성 피부예요.
<ruby>乾燥肌<rt>かんそうはだ</rt></ruby>です。
칸소-하다데스

유리

단어를 바꿔서 연습해 보세요.
脂性肌(あぶらしょうはだ) 아부라쇼-하다 지성 피부
混合肌(こんごうはだ) 콩고-하다 복합성 피부

단어 肌(はだ) 피부 乾燥肌(かんそうはだ) 건성 피부

응용 표현 익히기 🎧 MP3 052-2

1 발라 봐도 될까요?

塗って みても いいですか。

눗떼 미떼모 이-데스까

塗って みても いいですか。　　　▶ 문장을 쓰면서 익혀요.

2 네, 그러세요.

はい、どうぞ。

하이 도-조

3 스킨과 로션을 추천해 주세요.

お勧めの 化粧水と 乳液は 何ですか。

오스스메노 케쇼-스이또 뉴-에끼와 난데스까

> '썬크림'은 ひやけどめ (日焼け止め, 히야께도메)라고 해요.

4 촉촉한 타입과 산뜻한 타입이 있는데요.

しっとり タイプと さっぱり タイプが ありますが。

싯또리 타이뿌또 삽빠리 타이뿌가 아리마스가

TIP 알고 가면 더 재밌는 일본 상식 ▶ 화장품 관련 표현

화장품	けしょうひん(化粧品) 케쇼-힝	향수	こうすい(香水) 코-스이
파운데이션	ファウンデーション 화운데-송	스킨	けしょうすい(化粧水) 케쇼-스이
클렌징	クレンジング 크렌징구	컨실러	コンシーラー 콘시-라-
로션	にゅうえき(乳液) 뉴-에끼	메이크업	メイク/メイクアップ 메이꾸/메이꾸압뿌

Unit 053 약국에서

여행 중에 몸이 아파서 약을 사야 하거나, 일본 약을 사 오고 싶을 때 사용하는 문장을 알아볼게요.

핵심 표현 익히기

🎧 MP3 053-1

두통약 있나요?
頭痛の 薬 ありますか。
즈쯔-노 쿠스리 아리마스까

대화로 익히기

유리

두통약 있나요?
頭痛の 薬 ありますか。
즈쯔-노 쿠스리 아리마스까

네, 이쪽입니다.
はい、こちらです。
하이 코찌라데스

가게 직원

● 단어를 바꿔서 연습해 보세요.
　胃薬(いぐすり) 이구스리 위장약
　目薬(めぐすり) 메구스리 안약

단어 頭痛(ずつう) 두통　薬(くすり) 약

응용 표현 익히기 🎧 MP3 053-2

1 과음에 듣는 약 주세요.

飲みすぎに 効く 薬を ください。

노미스기니 키꾸 쿠스리오 쿠다사이

飲みすぎに 効く 薬を ください。　▶ 문장을 쓰면서 익혀요.

2 이게 잘 듣습니다.

これが よく 効きます。

코레가 요꾸 키끼마스

3 식후에 복용하세요.

食後に 飲んで ください。

쇼꾸고니 논데 쿠다사이

> '식전'은 しょくぜん(食前, 쇼꾸젠)이라고 해요.

4 하루 두 번 복용하세요.

1日 2回 飲んで ください。

이찌니찌 니까이 논데 쿠다사이

> '1회'는 いっかい(1回, 익까이), '3회'는 さんかい(3回, 상까이)라고 해요.

 TIP 알고 가면 더 재밌는 일본 상식 ▶ 약 관련 표현

약사	やくざいし(薬剤師) 야꾸자이시	처방전	しょほうせん(処方箋) 쇼호-센
알약	じょうざい(錠剤) 죠-자이	가루약	こなぐすり(粉薬) 코나구스리
붙이는 약	はりぐすり(貼り薬) 하리구스리	한약	かんぽうやく(漢方薬) 캄뽀-야꾸
해열제	げねつざい(解熱剤) 게네쯔자이	진통제	ちんつうざい(鎮痛剤) 친쯔-자이

Unit 054 편의점에서

일본 여행에서 가장 많이 이용하는 매장은 편의점이 아닐까요? 편의점에서 사용하는 문장을 알아볼게요.

핵심 표현 익히기

🎧 MP3 054-1

빨대 넣어 드릴까요?
ストローは おつけしますか。
스또로-와 오쯔께시마스까

대화로 익히기

가게 직원

빨대 넣어 드릴까요?
ストローは おつけしますか。
스또로-와 오쯔께시마스까

● 단어를 바꿔서 연습해 보세요.
- スプーン 스뿌-ㄴ 스푼
- ケチャップ 케짭뿌 케첩

네, 부탁드려요.
はい、お願(ねが)いします。
하이 오네가이시마스

유리

단어 ストロー 빨대　つける 붙이다, 추가하다

응용 표현 익히기 MP3 054-2

1 도시락 데워 드릴까요?

お弁当、あたためますか。

오벤또- 아따따메마스까

お弁当、あたためますか。　　　▶ 문장을 쓰면서 익혀요.

2 도시락을 데워 주세요.

お弁当を あたためて ください。

오벤또-오 아따따메떼 쿠다사이

3 이 쿠폰 사용할 수 있나요?

この クーポンは 使えますか。

코노 쿠-뽕와 츠까에마스까

4 1,000엔 받았습니다.

1,000円 お預かりします。

셍엔 오아즈까리시마스

 TIP 알고 가면 더 재밌는 일본 상식 ▶ 일본 지방 도시 '나고야'

나고야는 일본 중부에 위치한 대도시로, 도쿄와 오사카 사이에 자리 잡고 있어요. 일본에서 네 번째로 인구가 많으며, 자동차 산업의 중심지로 알려져 있어요. 나고야성, 도요타 산업 기술 기념관, 그리고 다양한 미식 명물인 히쓰마부시(장어덮밥의 일종)와 미소카쓰가 유명해요. 사계절 내내 아름다운 경관을 자랑하는 메이조 공원도 꼭 방문해야 할 장소예요.

Unit 055 상품 위치 묻기

물건을 사러 갔는데 보고 싶은 물건이 어디 있는지 빠르게 찾고 싶다면 이렇게 물어보세요.

핵심 표현 익히기

🎧 MP3 055-1

노트북을 보고 싶은데요.
ノートパソコンが 見(み)たいですが。
노-또빠소꽁가 미따이데스가

대화로 익히기

유리

노트북을 보고 싶은데요.
ノートパソコンが 見(み)たいですが。
노-또빠소꽁가 미따이데스가

● 단어를 바꿔서 연습해 보세요.
カメラ 카메라 카메라
スピーカー 스삐-까- 스피커

노트북이라면 4층입니다.
ノートパソコンなら 4階(よんかい)です。
노-또빠소꼰나라 용까이데스

가게 직원

단어 ノートパソコン 노트북　見たい(みたい) 보고 싶다

154

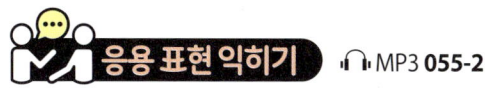 **응용 표현 익히기** 🎧 MP3 055-2

① 문구류 매장은 몇 층인가요?

文房具 売り場は 何階ですか。

붐보-구 우리바와 낭까이데스까

文房具 売り場は 何階ですか。　　　▶ 문장을 쓰면서 익혀요.

> 何階는 난가이(なんがい)라고도 말해요.

② 6층이에요.

6階でございます。

록까이데고자이마스

③ 저기요, 이 상품은 어디에 있나요?

すみません、この 商品は どこに ありますか。

스미마셍 코노 쇼-힝와 도꼬니 아리마스까

④ 왼쪽에서 두 번째 통로에 있어요.

左から 2列目の 通路に あります。

히다리까라 니레쯔메노 쯔-로니 아리마스

> 원하는 상품의 사진을 보여 주면서 물어보면 가장 정확하게 답을 얻을 수 있어요.

 TIP 알고 가면 더 재밌는 일본 상식 ▶ **대를 이어오는 '시니세'**

노포를 뜻하는 '시니세(老舗, しにせ)'는 대대로 이어온 전통 가게를 의미하며, 보통 100년 이상 된 점포를 말해요. 이들은 역사와 신뢰를 바탕으로 운영되며, 일본의 음식 문화와 기업 문화에서 중요한 역할을 하고 있어요. 시니세는 단순히 오래된 가게가 아니라, 전통과 품질을 지키며 고객 중심의 경영 철학을 고수하는 존경받는 존재로 자리 잡았어요.

Unit 056 제품 문의

제품의 성능에 대해서 자세하게 묻고 싶을 때 사용하는 문장을 알아볼게요.

핵심 표현 익히기

🎧 MP3 056-1

한국에서도 사용할 수 있나요?
韓国(かんこく)でも 使(つか)えますか。
캉꼬꾸데모 츠까에마스까

대화로 익히기

유리

한국에서도 사용할 수 있나요?
韓国(かんこく)でも 使(つか)えますか。
캉꼬꾸데모 츠까에마스까

● 단어를 바꿔서 연습해 보세요.
中国(ちゅうごく) 츄-고꾸 중국
アメリカ 아메리까 미국

네, 물론입니다.
はい、もちろんです。
하이 모찌론데스

가게 직원

단어 韓国(かんこく) 한국   使える(つかえる) 사용할 수 있다

응용 표현 익히기 🎧 MP3 056-2

1 이것의 소재는 무엇인가요?

これの 素材は 何ですか。
そざい　なん

코레노 소자이와 난데스까

これの 素材は なんですか。　　　　　　　　▶ 문장을 쓰면서 익혀요.

2 배터리는 몇 시간 지속되나요?

バッテリーは どれぐらい 持ちますか。
も

밧떼리-와 도레구라이 모찌마스까

3 이 배터리는 6시간 지속됩니다.

この バッテリーは 6時間 持ちます。
ろくじかん　も

코노 밧떼리-와 로꾸지깡 모찌마스

4 에너지 절약형 제품입니다.

省エネ 製品です。
しょう　せいひん

쇼-에네 세-힌데스

> 省エネ는 省エネルギー (쇼-에네르기-)의 줄임말이에요.

TIP 알고 가면 더 재밌는 일본 상식 ▶ 오미야게 문화

일본의 오미야게(お土産, おみやげ) 문화는 여행이나 출장 후 지역 특산품을 친구, 가족, 동료 등에게 선물하는 전통이에요. 이는 에도 시대에 시작되어, 신사 참배 후 기념품을 사와 공동체의 소원을 기원하는 방식으로 발전했는데요, 현재는 과자나 기념품을 주고받으며 감사의 마음을 표현하는 중요한 사회적 관습으로 자리 잡고 있어요.

Unit 057 세일 여부 문의

마침 세일 중이라면 그냥 지나칠 수 없죠. 야무지게 세일 정보도 물어보고 득템하세요!

핵심 표현 익히기

🎧 MP3 057-1

이거 세일 상품인가요?
これ、セール品ですか。
코레 세-루힌데스까

대화로 익히기

유리

이거 세일 상품인가요?
これ、セール品ですか。
코레 세-루힌데스까

이것은 세일 대상이 아닙니다.
これは セール対象外です。
코레와 세-루타이쇼-가이데스

가게 직원

단어　セール 세일　対象(たいしょう) 대상

응용 표현 익히기 🎧 MP3 057-2

1 이것은 몇 퍼센트 할인인가요?

これは 何パーセント引きですか。

코레와 남빠-센또비끼데스까

これは 何パーセント引きですか。　　▶ 문장을 쓰면서 익혀요.

2 가게의 모든 상품이 반액입니다.

店内 すべての 商品が 半額です。

텐나이 스베떼노 쇼-힝가 항가꾸데스

3 이 재킷은 지금 저렴하게 판매 중입니다.

この ジャケットは 今 お安く なって います。

코노 쟈껫또와 이마 오야스꾸 낫떼 이마스

4 하나 사시면 하나를 무료로 드립니다.

1つ 買うと もう 1つが 無料で もらえます。

히또쯔 카우또 모- 히또쯔가 무료-데 모라에마스

 TIP 알고 가면 더 재밌는 일본 상식 ▶ 동전 사용 문화

일본은 현금 사용 비율이 여전히 70%에 달하고, 신용 카드 및 간편 결제는 30% 정도로 낮아요. 그래서 일본에서는 1엔 동전과 같은 소액 동전이 널리 사용되며, 동전 지갑을 소지하는 것이 일반적이에요. 그러나 최근에는 비현금 결제가 증가하고 있으며, 동전의 발행량도 줄어드는 추세예요.

Unit 058 소비세 문의

일본은 물건에 소비세가 포함되지 않은 가격과 포함된 가격이 함께 표기되어서 헷갈릴 수 있어요.

핵심 표현 익히기

🎧 MP3 058-1

이 가격은 세금 포함인가요?
この 価格は 税込みですか。
코노 카까꾸와 제-꼬미데스까

대화로 익히기

유리

이 가격은 세금 포함인가요?
この 価格は 税込みですか。
코노 카까꾸와 제-꼬미데스까

● 단어를 바꿔서 연습해 보세요.
サービス料(サービスりょう) 사-비스료- 서비스료
税金(ぜいきん) 제-낑 세금

네, 모두 세금 포함 가격입니다.
はい、すべて 税込み価格です。
하이 스베떼 제-꼬미카까꾸데스

가게 직원

단어 価格(かかく) 가격　税込み(ぜいこみ) 세금 포함

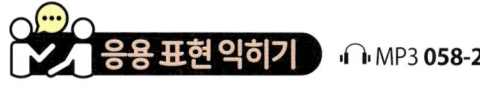 응용 표현 익히기 🎧 MP3 058-2

1 이건 세금이 포함되지 않은 금액입니다.

これは 税抜きの 金額です。

코레와 제-누끼노 킹가꾸데스

これは 税抜きの 金額です。　　　　　　　　　▶ 문장을 쓰면서 익혀요.

2 일본의 소비세율은 10%입니다.

日本の 消費税率は １０％です。

니혼노 쇼-히제-리쯔와 줍빠-센또데스

3 세금 포함해서 얼마인가요?

税込みで いくらですか。

제-꼬미데 이꾸라데스까

4 세금 포함해서 550엔입니다.

税込みで ５５０円です。

제-꼬미데 고햐꾸고쥬-엔데스

 TIP 알고 가면 더 재밌는 일본 상식 ▶ 소비세 별도 표기

일본의 소비세는 소비자가 상품이나 서비스를 구매할 때 부과되는 세금으로, 한국의 부가가치세와 유사하지만 일본에서는 가격을 두 가지 방식으로 표기해요. 세금 제외 가격과 세금 포함 가격, 이 두 가지 가격 표기는 각각 '제-누끼(税抜き, ぜいぬき)', '제-코미(税込み, ぜいこみ)'라고 불려요. 소비세를 별도로 표기하는 것은 정부의 세수 관리 및 기업의 가격 정책과 관련된 복합적인 이유 때문인데요, 2019년부터 일본에서는 총액 표시 의무화가 시행되어 모든 사업자는 소비세를 포함한 최종 가격을 반드시 표시해야 해요.

Unit 059 구매 결정하기

물건을 사기로 결정하는 순간 필요한 문장을 알아볼게요. 같은 물건을 여러 개 사고 싶거나, 새 물건을 받고 싶을 때도 문제없어요!

핵심 표현 익히기

MP3 059-1

이걸로 할게요.

これに します。

코레니 시마스

대화로 익히기

유리

좋아요. 이걸로 할게요.
いいですね。これに します。
이-데스네 코레니 시마스

감사합니다.
ありがとうございます。
아리가또-고자이마스

가게 직원

단어 これ 이것   します 하겠습니다, 할게요

162

응용 표현 익히기 🎧 MP3 059-2

1 같은 거 두 개 더 주세요.

同じ ものを あと もう 2つ ください。

오나지 모노오 아또 모- 후따쯔 쿠다사이

同じ ものを あと もう 2つ ください。 ▶ 문장을 쓰면서 익혀요.

> '세 개'는 みっつ(밋쯔),
> '네 개'는 よっつ(욧쯔)
> 라고 해요.

2 이거, 새 물건 있나요?

これ、新しいの ありますか。

코레 아따라시-노 아리마스까

3 네, 바로 가져오겠습니다.

はい、すぐ お持ちします。

하이 스구 오모찌시마스

4 마지막 한 벌입니다.

最後の 一着です。

사이고노 잇쨔꾸데스

TIP 알고 가면 더 재밌는 일본 상식 ▶ 오추겐

오추겐(お中元, 오추-겐)은 일본의 여름 선물 문화로, 주로 7월 초부터 15일 사이에 고마운 사람들에게 여름 안부 인사 겸 선물을 보내는 것이에요. 빨간 리본으로 포장하여 행운과 재물을 상징하는 경우가 많으며, 포장지 없이 선물을 전달하는 것은 예의에 어긋난다고 여겨요. 국수, 고기, 햄, 과일 등의 식품 및 음료, 제과류, 핸드 타월 등을 오추겐으로 많이 주고받아요.

Unit 060 계산대 찾기

이제 물건 값을 치르러 가야 하는데 매장이 너무 넓으면 계산하는 곳이 어디인지 안 보이기도 하죠.
이럴 때 사용하는 문장을 알아볼게요.

핵심 표현 익히기

🎧 MP3 060-1

어디서 계산하면 될까요?
どこで 支払ったら いいですか。
도꼬데 시하랏따라 이-데스까

대화로 익히기

유리

어디서 계산하면 될까요?
どこで 支払ったら いいですか。
도꼬데 시하랏따라 이-데스까

계산대는 저쪽입니다.
レジは あちらです。
레지와 아찌라데스

가게 직원

단어를 바꿔서 연습해 보세요.
こちら 코찌라 이쪽
入口の 方(いりぐちの ほう) 이리구찌노 호- 입구 쪽

단어 支払う(しはらう) 지불하다   レジ 계산대

응용 표현 익히기 🎧 MP3 060-2

1 계산은 저쪽입니다.

お会計は あちらです。

오까이께-와 아찌라데스

お会計は あちらです。　　　　　　　　　▶ 문장을 쓰면서 익혀요.

2 계산대까지 안내해 드리겠습니다.

レジまで ご案内します。

레지마데 고안나이시마스

3 이쪽에 줄 서서 기다려 주시겠습니까?

こちらに お並びになって お待ちいただけますか。

코찌라니 오나라비니낫떼 오마찌이따다께마스까

4 여기가 줄 맨 끝인가요?

こちらが 列の 最後尾ですか。

코찌라가 레쯔노 사이꼬-비데스까

TIP 알고 가면 더 재밌는 일본 상식 ▶ 일본 지방 도시 '하코다테'

하코다테는 일본 홋카이도 남서부에 위치한 항구 도시로, 19세기 중반 개항 이후 외국 문화가 유입되어 독특한 역사적 건축물과 음식 문화를 발전시켰어요. 하코다테산에서의 야경은 일본 3대 야경 중 하나로 유명하며, 하코다테 라멘과 해산물이 특히 인기예요.

Unit 061 면세 문의하기

여행지에서 물건을 샀다면 면세를 받아야겠죠? 면세를 받을 때 필요한 표현을 알아볼게요.

핵심 표현 익히기

🎧 MP3 061-1

면세됩니까?
免税は できますか。
멘제-와 데끼마스까

대화로 익히기

유리:
면세됩니까?
免税は できますか。
멘제-와 데끼마스까

가게 직원:
네, 가능합니다. 여권 가지고 계세요?
はい、できます。
パスポートは お持ちでしょうか。
하이 데끼마스 파스뽀-또와 오모찌데쇼-까

• 단어를 바꿔서 연습해 보세요.
チケット 치껫또 티켓
身分証明書(みぶんしょうめいしょ) 미분쇼-메-쇼 신분증

단어 免税(めんぜい) 면세   パスポート 여권

 **응용 표현 익히기** 🎧 MP3 061-2

1 면세는 얼마부터 되나요?

免税は いくらから できますか。

멘제-와 이꾸라까라 데끼마스까

> 면세 대상은 2025년 기준으로 소비세 제외 5,000엔 이상이에요.

免税は いくらから できますか。　　　▶ 문장을 쓰면서 익혀요.

2 여기는 면세점인가요?

ここは 免税店ですか。

코꼬와 멘제-뗀데스까

> 일본 정부는 2026년도부터 공항 환급제 도입을 검토하고 있어요.

3 어디에서 세금 환급을 받을 수 있나요?

どこで 税金の 払い戻しを 受ける ことが できますか。

도꼬데 제-낀노 하라이모도시오 우께루 코또가 데끼마스까

4 8층 면세 카운터에 방문해 주세요.

8階の 免税 カウンターへ お越しください。

하찌까이노 멘제- 카운따-에 오꼬시쿠다사이

 **TIP** 알고 가면 더 재밌는 일본 상식 ▶ 일본 지방 도시 '가마쿠라'

가마쿠라는 도쿄 근교 지역으로, 12세기 말에 미나모토노 요리토모가 일본 최초의 무사 정권인 가마쿠라 막부를 세운 곳이에요. 이 시기에 일본 정치의 중심지가 교토에서 가마쿠라로 이동하게 되죠. 가마쿠라는 해상 교역과 불교의 발전이 활발했던 지역으로, 현재는 역사와 자연이 어우러진 관광지로 알려져 있어요. 도쿄 여행 시 당일치기로 가마쿠라를 방문해 보세요.

Unit 062 선물 포장

가족이나 친구들에게 줄 여행지의 기념 선물을 살 때, 현지에서의 선물용 포장까지 받을 수 있다면 더 의미 있을 거예요. 이렇게 말하세요.

핵심 표현 익히기

🎧 MP3 062-1

선물용으로 포장해 주세요.

ギフトラッピング お願^{ねが}いします。

기후또랍삥구 오네가이시마스

대화로 익히기

가게 직원

선물용이신가요, 고객님이 직접 사용하시나요?
プレゼントですか、ご自宅用^{じたくよう}ですか。
프레젠또데스까 고지따꾸요-데스까

선물이에요. 선물용으로 포장해 주세요.
プレゼントです。ギフトラッピング お願^{ねが}いします。
프레젠또데스 기후또랍삥구 오네가이시마스

유리

● 단어를 바꿔서 연습해 보세요.
リボン 리봉 리본

단어 ギフトラッピング 선물용 포장   プレゼント 선물   自宅用(じたくよう) 자택용

응용 표현 익히기 MP3 062-2

1 네, 제가 사용할 거예요.

はい、自宅用です。

하이 지따꾸요-데스

> 자신에 대해서 말할 때는 ご를 붙이지 않고 '自宅用(지따꾸요-)'라고 해요.

はい、自宅用です。

▶ 문장을 쓰면서 익혀요.

2 따로따로 넣어 주세요.

別々に 包んで ください。

베쯔베쯔니 츠쯘데 쿠다사이

3 무슨 색이 좋으신가요?

何色が よろしいですか。

나니이로가 요로시-데스까

4 봉투는 몇 개 넣어 드릴까요?

袋は いくつ お入れしますか。

후꾸로와 이꾸쯔 오이레시마스까

> 선물할 사람에게 담아서 줄 쇼핑백을 따로 챙겨 주기도 해요.

TIP 알고 가면 더 재밌는 일본 상식 ▶ 일본 지방 도시 '고베'

고베는 일본 효고현에 위치한 매력적인 항구 도시로, 오사카에서 가까워 오사카 여행 시 함께 방문하기 좋은 관광지입니다. 고베는 특히 '고베규'라고 불리는 쇠고기로 유명하며, 일본에서 가장 오래된 온천 중 하나인 아리마 온천도 있어요. 1995년 대지진 이후 빠르게 복구되어 현재는 관광 명소와 현대적인 시설이 조화를 이루고 있는 아름다운 도시예요.

Unit 063 영수증 요청하기

물건을 사고 나서 영수증을 받아 두면 교환이나 환불은 물론, 면세를 받게 될 때도 필요하니 꼭 챙기세요.

핵심 표현 익히기

🎧 MP3 063-1

영수증 부탁합니다.
領収証 お願いします。
료-슈-쇼 오네가이시마스

대화로 익히기

유리

영수증 부탁합니다.
領収証 お願いします。
료-슈-쇼 오네가이시마스

네, 알겠습니다.
はい、かしこまりました。
하이 카시꼬마리마시따

가게 직원

● 단어를 바꿔서 연습해 보세요.
　ポイントカード 포인또카-도 포인트 카드
　駐車券(ちゅうしゃけん) 츄-샤껭 주차권

단어 領収証(りょうしゅうしょう) 영수증 (점원이 작성해 주는 영수증)　お願いする(おねがいする) 부탁하다

응용 표현 익히기 🎧 MP3 063-2

1 (영수증 서류에) 성함은 임의로 기입해도 될까요?

お名前は 上様で よろしいですか。
오나마에와 우에사마데 요로시-데스까

お名前は 上様で よろしいですか。　　　▶ 문장을 쓰면서 익혀요.

2 네, '손님'이라고 기입해 주세요.

はい、上様で。
하이 우에사마데

> 수신인란에 정확한 이름을 기입하지 않아도 될 경우는 上様(うえさま)라고 기입해요.

3 영수증 부탁합니다.

レシート お願いします。
레시-또 오네가이시마스

4 네, 여기 영수증입니다.

はい、こちらが レシートです。
하이 코찌라가 레시-또데스

TIP 알고 가면 더 재밌는 일본 상식 ▶ **영수증의 종류**

일본의 영수증은 두 가지 종류로 나뉘어요.
❶ **レシート**(레시-또) 일반 소비자가 물건을 구매할 때 받는 영수증으로, 계산 단말기에서 나오는 것을 말해요. 물품별 가격과 세금이 명시되어 있어요.
❷ **領収証**(료-슈-쇼-) 업무용으로 사용되는 영수증으로, 점원이 보통 A4 사이즈로 작성해 줍니다. 지불자의 이름, 주소, 거래 날짜 및 총 금액이 포함되어 있어 경비 처리가 가능해요.

Unit 064 제품 교환하기

살 때는 마음에 쏙 들어서 샀는데 다시 보니 색상이 마음에 들지 않을 때가 있죠. 교환할 때 사용하는 문장을 알아볼게요.

핵심 표현 익히기

🎧 MP3 064-1

교환하고 싶은데요.
交換したいんですが。
코-깐시따인데스가

대화로 익히기

유리

이거 교환하고 싶은데요.
これを 交換したいんですが。
코레오 코-깐시따인데스가

왜 그러시나요?
どうか なさいましたか。
도-까 나사이마시따까

가게 직원

● 단어를 바꿔서 연습해 보세요.
Tシャツ(ティーシャツ) 티-샤쯔 티셔츠
パンツ 판쯔 바지

단어 交換(こうかん) 교환   したい 하고 싶다

응용 표현 익히기 🎧 MP3 064-2

1 다른 색으로 바꿀 수 있나요?

他の 色に かえて もらえますか。
ほか　いろ

호까노 이로니 카에떼 모라에마스까

他の 色に かえて もらえますか。　　　▶ 문장을 쓰면서 익혀요.

2 영수증 갖고 계신가요?

レシートは お持ちでしょうか。
　　　　　　　も

레시-또와 오모찌데쇼-까

3 여기 영수증과 결제했던 카드입니다.

これ レシートと 支払いの ときの カードです。
　　　　　　　　　し はら

코레 레시-또또 시하라이노 토끼노 카-도데스

4 네, 확인해 보겠습니다.

はい、確認いたします。
　　　　かくにん

하이 카꾸닝이따시마스

TIP 알고 가면 더 재밌는 일본 상식 ▶ 일본 지방 도시 '나가사키'

나가사키는 일본 규슈 북서부에 위치한 항구 도시로, 역사적으로 중요한 교역 중심지예요. 1571년 포르투갈 선박이 처음 입항하면서 외국과의 교류가 시작되었고, 이는 일본의 근대화에 큰 영향을 미쳤어요. 나가사키는 1945년 원자폭탄 투하로 큰 피해를 입었지만, 현재는 평화 공원과 원폭 자료관 등으로 그 역사를 기리고 있어요. 아름다운 경관과 독특한 문화가 어우러져 있어 관광지로도 유명해요.

Unit 065 사이즈 교환하기

옷이나 신발의 경우 사이즈가 맞지 않아 교환해야 하는 경우가 생기죠. 사이즈를 교환할 때 사용하는 문장을 알아볼게요.

핵심 표현 익히기

🎧 MP3 065-1

작은 걸로 바꿔 주실 수 있나요?
小さいのに かえて もらえますか。
치-사이노니 카에떼 모라에마스까

대화로 익히기

유리

이거 작은 걸로 바꿔 주실 수 있나요?
これ 小さいのに かえて もらえますか。
코레 치-사이노니 카에떼 모라에마스까

● 단어를 바꿔서 연습해 보세요.
他の 色(ほかの いろ) 호까노 이로 다른 색
他の 商品(ほかの しょうひん) 호까노 쇼-힝 다른 상

네, 재고를 확인해 보겠습니다.
はい、在庫の 確認を いたします。
하이 자이꼬노 카꾸닝오 이따시마스

가게 직원

단어 小さいの(ちいさいの) 작은 것　かえる 바꾸다, 교환하다　在庫(ざいこ) 재고

응용 표현 익히기 🎧 MP3 065-2

1 사이즈가 안 맞아요.

サイズが 合わないんです。

사이즈가 아와나인데스

サイズが 合わないんです。　　　　　　　　　　　▶ 문장을 쓰면서 익혀요.

---

2 이거 큰 걸로 바꿔 주실 수 있나요?

これ 大きいのに かえて もらえますか。

코레 오-끼-노니 카에떼 모라에마스까

---

3 지금 그 사이즈는 상품이 없는데요.

只今 その サイズは 切らして おりますが。

타다이마 소노 사이즈와 키라시떼 오리마스가

---

4 그래요? 그럼 반품할 수 있나요?

そうですか。じゃ、返品できますか。

소-데스까 쟈 헴삔데끼마스까

TIP　알고 가면 더 재밌는 일본 상식 ▶ 일본 지방 도시 '오키나와'

오키나와는 일본 최남단에 위치한 아열대 섬으로, 약 160개의 작은 섬들로 이루어져 있어요. 투명한 바다와 아름다운 해변, 독특한 문화로 유명하며, 일본 본토와는 다른 역사적 배경을 가지고 있어요. 오키나와는 세계적으로 사랑받는 관광지로, 다이빙과 다양한 자연 체험이 가능하고 '일본의 하와이'라 불리는 곳이에요.

Unit 066 반품 요청하기 1

이것저것 쇼핑하다 보면 반품할 물건도 생기게 되죠. 반품 요청할 때 사용하는 문장을 알아볼게요.

핵심 표현 익히기

🎧 MP3 066-1

반품하고 싶은데요.

返品(へんぴん)したいのですが。

헴삔시따이노데스가

대화로 익히기

유리

이거 반품하고 싶은데요.
これ 返品(へんぴん)したいのですが。
코레 헴삔시따이노데스가

영수증 갖고 계신가요?
レシートは お持(も)ちでしょうか。
레시-또와 오모찌데쇼-까

가게 직원

● 단어를 바꿔서 연습해 보세요.
　カード 카-도 카드
　領収証(りょうしゅうしょう) 료-슈-쇼- 영수증

단어 返品(へんぴん) 반품　レシート 영수증

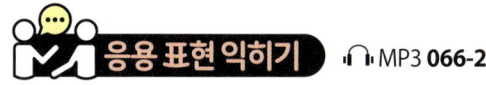 **응용 표현 익히기** 🎧 MP3 066-2

1 이 재킷을 반품하고 싶은데요.

この ジャケットを 返品したいのですが。

코노 쟈켓또오 헴삔시따이노데스가

この ジャケットを 返品したいのですが。　▶ 문장을 쓰면서 익혀요.

2 반품하시는 이유를 알 수 있을까요?

返品の 理由を 教えて いただけますか。

헴삔노 리유-오 오시에떼 이따다께마스까

3 지불하실 때 사용하신 신용 카드를 갖고 계신가요?

お支払いの クレジットカードを お持ちでしょうか。

오시하라이노 크레짓또카-도오 오모찌데쇼-까

4 영수증이 없으면 반품할 수 없습니다.

レシートが ないと、返品できません。

레시-또가 나이또 헴삔데끼마셍

 **TIP** 알고 가면 더 재밌는 일본 상식 ▶ 일본 지방 도시 '가가와'

가가와현은 일본 시코쿠 지방에 위치한 면적이 가장 작은 현으로, 현청은 다카마쓰시에 있어요. 사누키 우동의 고향으로 알려져 있으며, 약 600곳의 우동 가게가 있어요. 가가와는 또한 세토 내해와 아름다운 자연 경관으로 유명하며, 시코쿠 헨로 순례길의 일부로 23개의 사찰이 위치해 있어요. 문화와 자연이 조화를 이루는 이곳은 관광지로서 매력적인 요소가 많은 작고 한적한 지역이에요.

Unit 067 반품 요청하기2

매장마다 조건에 따라서는 반품이 안 되는 경우도 있는데요, 그럴 때 사용하는 문장을 알아볼게요.

🎧 MP3 067-1

반품이 안 되는 제품입니다.

返品が できない 商品です。

헴삔가 데끼나이 쇼-힌데스

가게 직원

이 제품은 반품이 안 되는 제품입니다.
こちら 返品が できない 商品です。
코찌라 헴삔가 데끼나이 쇼-힌데스

어쩔 수 없네요.
仕方が ないですね。
시까따가 나이데스네

유리

● 단어를 바꿔서 연습해 보세요.
返金(へんきん) 헹낑 환불
交換(こうかん) 코-깡 교환

단어 返品(へんぴん) 반품   商品(しょうひん) 상품

응용 표현 익히기 🎧 MP3 067-2

1 이미 뜯은 상품은 반품이 어렵습니다.

開封済みの 商品は 返品できません。

카이후-즈미노 쇼-힝와 헴뻰데끼마셍

開封済みの 商品は 返品できません。 ▶ 문장을 쓰면서 익혀요.

2 하지만 사용하지 않았어요.

でも、使って いません。

데모 츠깟떼 이마셍

---

3 죄송합니다. 세일 제품은 반품해 드릴 수 없습니다.

すみません、セール品は 返品いたしかねます。

스미마셍 세-루힝와 헴삥이따시까네마스

---

4 영수증이 없으면 반품해 드릴 수 없습니다.

レシートが ないと、返品いたしかねます。

레시-또가 나이또 헴삥이따시까네마스

TIP 알고 가면 더 재밌는 일본 상식 ▶ '기모노'와 '유카타'의 차이

기모노는 고급 실크 소재로 결혼식이나 공식 행사 등 격식을 차릴 때 입어요. 여러 겹을 입으며 입는 방식이 복잡해 혼자서 입기 어렵지요. 반면 유카타는 면이나 리넨 소재로 여름 축제와 같은 캐주얼한 행사 때 입어요. 한 겹으로 되어 있어 간단하게 입을 수 있어요.

Chapter 4 쇼핑 필수 단어

① 쇼핑	か もの 買い物 [카이모노]	かいもの		
② 가게	み せ 店 [미세]	みせ		
③ 백화점	デパート [데빠-또]	デパート		
④ 면세점	めんぜいてん 免税店 [멘제-뗑]	めんぜいてん		
⑤ 물건	もの 物 [모노]	もの		
⑥ 상품	しょうひん 商品 [쇼-힝]	しょうひん		
⑦ 가격	ね だん 値段 [네당]	ねだん		
⑧ 명품	ひん ブランド品 [부란도힝]	ブランドひん		
⑨ 색	いろ 色 [이로]	いろ		
⑩ 생일	たんじょう び 誕生日 [탄죠-비]	たんじょうび		

180

* 단어를 쓰면서 익혀요.

⑪ 선물 — プレゼント [프레젠또] — プレゼント

⑫ 남자 친구 — かれし 彼氏 [카레시] — かれし

⑬ 여자 친구 — かのじょ 彼女 [카노죠] — かのじょ

⑭ 몇 개 — いくつ [이꾸쯔] — いくつ

⑮ 문의 — と あ 問い合わせ [토이아와세] — といあわせ

⑯ 보습 — ほ しつ 保湿 [호시쯔] — ほしつ

⑰ 선크림 — ひ や ど 日焼け止め [히야께도메] — ひやけどめ

⑱ 할인 — わりびき 割引 [와리비끼] — わりびき

⑲ 향수 — こうすい 香水 [코-스이] — こうすい

⑳ 화장품 — け しょうひん 化粧品 [케쇼-힝] — けしょうひん

181

Chapter 5

교통 및 길찾기

여행 중에 길을 헤맨다면 당황하기 쉬워요. 이런 상황을 대비하여
길을 묻거나 교통편을 묻는 기본 표현은 미리 알아 두는 게 좋아요.
역이나 정류장에서 일본어로 물어볼 수 있다면 훨씬 편해집니다.
지금부터 길 찾기와 교통 수단 이용에 꼭 필요한 표현을 함께 익혀 봐요!

Unit 068 길 찾기

낯선 곳에서 길을 물어야 할 때 사용하는 문장을 알아볼게요.

핵심 표현 익히기

🎧 MP3 068-1

편의점을 찾고 있는데요.

コンビニを 探(さが)して いるんですが。

콤비니오 사가시떼 이룬데스가

대화로 익히기

유리

편의점을 찾고 있는데요.
コンビニを 探(さが)して いるんですが。
콤비니오 사가시떼 이룬데스가

● 단어를 바꿔서 연습해 보세요.
スーパー 스-파- 슈퍼마켓
最寄りの 駅(もよりの えき) 모요리노 에끼 가장 가까운 역

편의점이라면 역 옆에 있어요.
コンビニなら 駅(えき)の そばに あります。
콤비니나라 에끼노 소바니 아리마스

현지인

단어　コンビニ 편의점　駅(えき) 역

184

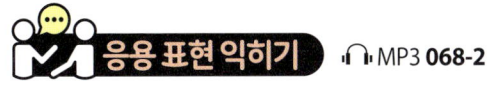 **응용 표현 익히기** MP3 068-2

1 실례합니다, 말씀 좀 묻겠습니다.

すみません、ちょっと お聞きしたいんですが。

스미마셍 춋또 오끼끼시따인데스가

すみません、ちょっと お聞きしたいんですが。

2 네, 뭔가요?

はい、何でしょうか。

하이 난데쇼-까

3 시부야에는 어떻게 가나요?

渋谷には どうやって 行きますか。

시부야니와 도-얏떼 이끼마스까

> 행선지에 다양한 지명을 넣어서 연습하세요.

4 곧장 가세요.

まっすぐ 行って ください。

맛스구 잇떼 쿠다사이

 TIP 알고 가면 더 재밌는 일본 상식 ▶ 편의점 찐빵 '니꾸망'

일본 편의점은 세븐일레븐, 패밀리마트, 로손 등이 있는데, 각자 독특한 브랜드 상품이 있어 골라 먹는 재미가 있어요. 특히 계절별로 경쟁적으로 내놓는 대표 먹거리가 있는데, 겨울철은 고기찐빵(肉まん, 니꾸망)이 매년 화제를 몰고 와요. 주로 돼지고기와 다양한 야채를 넣어 만든 찐빵으로 해산물이나 치즈 등을 추가한 다양한 맛이 있어요. 겨울에 일본을 여행한다면 편의점 찐빵을 꼭 먹어 보세요.

Unit 069 소요 시간 묻기

목적지까지의 거리나 걸리는 시간을 물어야 할 때 사용하는 문장을 알아볼게요.

핵심 표현 익히기

🎧 MP3 069-1

걸어서 어느 정도 걸리나요?
歩(ある)いて どのぐらいですか。
아루이떼 도노구라이데스까

대화로 익히기

유리

걸어서 어느 정도 걸리나요?
歩(ある)いて どのぐらいですか。
아루이떼 도노구라이데스까

10분 정도예요.
10分(じゅっぷん)ぐらいです。
쥽뿡구라이데스

현지인

● 단어를 바꿔서 연습해 보세요.
地下鉄(ちかてつ)で 치까떼쯔데 지하철로
電車(でんしゃ)で 덴샤데 전철로

단어 歩く(あるく) 걷다   どのぐらい 어느 정도

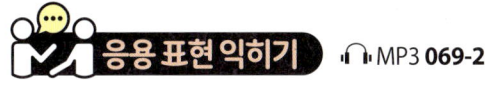

MP3 069-2

① 걸어갈 수 있나요?

歩いて 行けますか。

아루이떼 이께마스까

歩いて 行けますか。　　　　　　　　　　▶ 문장을 쓰면서 익혀요.

② 네, 갈 수 있어요. 저 모퉁이를 돌면 바로예요.

はい、行けます。あの 角を 曲がると すぐです。

하이 이께마스 아노 카도오 마가루또 스구데스

③ 버스로 어느 정도 걸리나요?

バスで どのぐらいですか。

바스데 도노구라이데스까

> 다양한 교통수단을 넣어서 연습하세요.

④ 미안해요. 잘 모르겠어요.

すみません。よく 分かりません。

스미마셍 요꾸 와까리마셍

 TIP 알고 가면 더 재밌는 일본 상식 ▶ **자전거 문화**

일본에서 자전거는 생활의 필수 요소로 자리 잡고 있어요. 일본의 자전거 이용률은 약 13%로, 이는 북미 및 유럽 국가보다 높은 수치예요. 대중교통 요금이 비싸서 많은 일본인들이 자전거를 선택해요. 또한 일본은 평지가 많아 자전거 이용에 적합한 환경이기도 해요. 최근에는 공유 자전거 서비스가 주요 도시에서 확산되고 있으며, 건강 관리나 취미 활동을 위한 자전거 이용도 증가하고 있어요.

Unit 070 이동 수단 묻기

다양한 이동 수단에 대해서 대화할 때 사용하는 문장을 알아볼게요.

핵심 표현 익히기

🎧 MP3 070-1

택시를 타는 편이 좋아요.

タクシーに 乗ったほうが いいです。
　　　　　の

탁시-니 놋따 호-가 이-데스

대화로 익히기

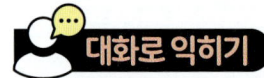

역에서 호텔까지는 먼가요?

駅から ホテルまでは 遠いですか。
えき　　　　　　　　　　とお

에끼까라 호떼루마데와 토-이데스까

유리

네, 택시를 타는 편이 좋아요.

はい、タクシーに 乗ったほうが いいです。
　　　　　　　　　の

하이 탁시-니 놋따 호-가 이-데스

현지인

● 단어를 바꿔서 연습해 보세요.
バス 바스 버스
電車(でんしゃ) 덴샤 전철

단어　タクシー 택시　乗る(のる) 타다

응용 표현 익히기 🎧 MP3 070-2

1 걸어서는 무리라고 생각해요.
歩いては 無理だと 思います。
아루이떼와 무리다또 오모이마스

歩いては 無理だと 思います。   ▶ 문장을 쓰면서 익혀요.

2 렌탈 자전거를 이용하세요.
レンタル 自転車を 利用して ください。
렌따루 지뗀샤오 리요-시떼 쿠다사이

3 전철을 타는 편이 빨라요.
電車に 乗った ほうが 速いです。
덴샤니 놋따 호-가 하야이데스

> 다양한 교통수단을 넣어서 연습하세요.

4 전철보다 버스로 가는 편이 편리해요.
電車より バスで 行った ほうが 便利です。
덴샤요리 바스데 잇따 호-가 벤리데스

TIP 알고 가면 더 재밌는 일본 상식 ▶ **우버 앱**

일본에서 택시를 타야 할 경우 우버(Uber) 앱을 이용하면 편리해요. 우버는 스마트폰 앱을 기반으로 한 승차 공유 서비스로, 우리나라의 카카오택시와 유사한 서비스예요. 일본에서 '우버 택시'는 도쿄, 교토, 오사카 등 대도시에서 주로 사용되고 있어요. 일본에서는 우버 외에 택시 호출 앱인 GO, DiDi 등도 널리 사용됩니다.

Unit 071 방향 묻기

낯선 곳에서 방향을 물어야 할 때 사용하는 문장을 알아볼게요.

핵심 표현 익히기

🎧 MP3 071-1

이 길이 맞나요?
この 道で あってますか。
코노 미찌데 앗떼마스까

대화로 익히기

하라주쿠 방면은 이 길이 맞나요?
原宿 方面は この 道で あってますか。
하라쥬꾸 호-멩와 코노 미찌데 앗떼마스까

하라주쿠라면 온 길을 되돌아가세요.
原宿なら 来た 道を 戻って ください。
하라쥬꾸나라 키따 미찌오 모돗떼 쿠다사이

● 단어를 바꿔서 연습해 보세요.
　　右に 曲がって(みぎに まがって) 미기니 마갓떼　오른쪽으로 돌아
　　左に 曲まがって(ひだりに まがって) 히다리니 마갓떼　왼쪽으로 돌아

단어　道(みち) 길　方面(ほうめん) 방면

응용 표현 익히기　MP3 071-2

1 하라주쿠라면 언덕을 올라가세요.

原宿でしたら 坂を 上って ください。

하라쥬꾸데시따라 사까오 노봇떼 쿠다사이

原宿でしたら 坂を 上って ください。　▶ 문장을 쓰면서 익혀요.

2 반대편이에요.

反対側です。

한따이가와데스

3 곧장 가서 왼쪽이에요.

まっすぐ 行って 左です。

맛스구 잇떼 히다리데스

> 다양한 방향을 넣어서 연습하세요.

4 길을 건너 바로예요.

道を 渡って すぐです。

미찌오 와땃떼 스구데스

TIP　알고 가면 더 재밌는 일본 상식 ▶ 일본어의 방향 표현

일본어로 길을 찾거나 방향을 물을 때 유용한 표현입니다.

위쪽	うえ(上) 우에	아래쪽	した(下) 시따	동쪽	ひがし(東) 히가시
앞쪽	まえ(前) 마에	뒤쪽	うしろ(後ろ) 우시로	서쪽	にし(西) 니시
오른쪽	みぎ(右) 미기	왼쪽	ひだり(左) 히다리	북쪽	きた(北) 키따
				남쪽	みなみ(南) 미나미

Unit 072 시설 위치 묻기

코인 로커나 ATM 등의 시설이 어디에 있는지 물을 때 사용하는 문장을 알아볼게요.

핵심 표현 익히기

MP3 072-1

코인 로커는 어디에 있나요?

コインロッカーは どこに ありますか。

코인록까-와 도꼬니 아리마스까

대화로 익히기

유리: 실례합니다. 코인 로커는 어디에 있나요?
すみません。コインロッカーは どこに ありますか。
스미마셍 코인록까-와 도꼬니 아리마스까

● 단어를 바꿔서 연습해 보세요.
交番(こうばん) 코-방 파출소

현지인: 코인 로커는 오른편에 있습니다.
コインロッカーは 右手(みぎて)に あります。
코인록까-와 미기떼니 아리마스

단어 コインロッカー 코인 로커   右手(みぎて) 오른편

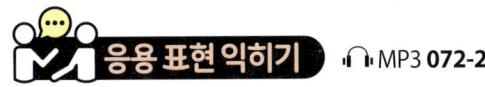 응용 표현 익히기 　MP3 072-2

1 관광 안내소는 어디인가요?

観光案内所は どこですか。
かんこうあんないじょ

캉꼬-안나이죠와 도꼬데스까

観光案内所は どこですか。　　　　▶ 문장을 쓰면서 익혀요.

2 이 근처에 횡단보도가 있나요?

この 近くに 横断歩道は ありますか。
　　　ちか　　　　おうだん ほ どう

코노 치까꾸니 오-당호도-와 아리마스까

3 이 근처에 ATM이 있나요?

この 辺りに エーティーエムは ありますか。
　　　あた

코노 아따리니 에-띠-에무와 아리마스까

4 빨래방을 찾고 있는데요.

コインランドリーを 探して いるんですけど。
　　　　　　　　　　　さが

코인란도리-오 사가시떼 이룬데스께도

 TIP 알고 가면 더 재밌는 일본 상식 ▶ **자동차의 좌측통행**

일본의 자동차는 운전석이 차량의 오른쪽에 위치하며, 도로에서 좌측통행을 합니다. 일본은 에도 시대부터 사무라이들이 두 개의 칼을 왼쪽에 차고 다녔기 때문에 충돌을 피하기 위해 좌측으로 통행하는 관습이 생겨났다고 해요. 그 후 19세기 중반 서구 문물을 받아들이면서 영국의 교통 시스템인 좌측통행 방식을 채택했어요. 자동차가 좌측통행하는 국가로는 일본 이외에도 영국, 호주, 인도, 싱가포르, 홍콩, 태국 등이 있어요.

Unit 073 버스 정류장 묻기

여행지에서 버스 정류장을 찾을 때 사용하는 문장을 알아볼게요.

핵심 표현 익히기

🎧 MP3 073-1

버스 정류장은 어디입니까?

バス停は どこですか。

바스떼-와 도꼬데스까

대화로 익히기

유리

저기요, 버스 정류장은 어디입니까?
すみませんが、バス停は どこですか。
스미마셍가 바스떼-와 도꼬데스까

● 단어를 바꿔서 연습해 보세요.
バスターミナル 바스타-미나루 버스 터미널

곧장 가서 횡단보도를 건너세요.
まっすぐ 行って 横断歩道を 渡って ください。
맛스구 잇떼 오-당호도-오 와땃떼 쿠다사이

현지인

단어 バス停(バスてい) 버스 정류장   横断歩道(おうだんほどう) 횡단보도

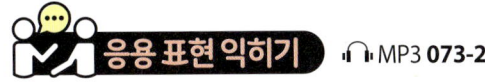 응용 표현 익히기 MP3 073-2

① 가장 가까운 버스 정류장은 어딘가요?

最寄りの バス停は どこですか。

모요리노 바스떼-와 도꼬데스까

> 最寄り(もより, 모요리)는 '가장 가깝다'란 의미로 사용해요.

最寄りの バス停は どこですか。

▶ 문장을 쓰면서 익혀요.

② 이 길을 곧장 가면, 왼편에 보여요.

この 道を まっすぐ 行くと、左側に 見えます。

코노 미찌오 맛스구 이꾸또 히다리가와니 미에마스

③ 우에노 공원행 버스는 어디에서 타나요?

上野公園行きの バスは どこで 乗りますか。

우에노코-엥유끼노 바스와 도꼬데 노리마스까

④ 아사쿠사행은 반대쪽이에요.

浅草行きは 反対側です。

아사꾸사유끼와 한따이가와데스

 TIP 알고 가면 더 재밌는 일본 상식 ▶ **대중교통에서 통화 자제하기**

일본에서는 전철, 버스 등 모든 대중교통에서 통화를 자제하는 것이 관행인데, 이는 일본인들에게 '남에게 폐를 끼치면 안 된다'는 가치관이 강하게 자리 잡고 있기 때문이에요. 일본 철도 회사는 홈페이지에서 '휴대전화는 매너모드로 설정하고 통화는 삼가라'는 메시지를 명시하고 있어요. 따라서 급한 전화가 필요할 경우에는 짧게 대답하고 통화를 끊거나, 가능하면 하차 후 통화하는 것이 좋아요.

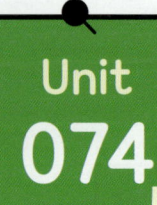

Unit 074 버스 노선 묻기

여행지에서 버스를 이용할 때 사용하는 문장을 알아볼게요.

🎧 MP3 074-1

몇 번 버스를 타면 됩니까?
何番の バスに 乗れば いいですか。
남반노 바스니 노레바 이-데스까

오다이바는 몇 번 버스를 타면 됩니까?
お台場は 何番の バスに 乗れば いいですか。
오다이바와 남반노 바스니 노레바 이-데스까

유리

9번을 타세요.
9番に 乗って ください。
큐-반니 놋떼 쿠다사이

현지인

● 단어를 바꿔서 연습해 보세요.
代官山(だいかんやま) 다이깡야마 다이칸야마

단어　何番(なんばん) 몇 번　乗る(のる) 타다

응용 표현 익히기 🎧 MP3 074-2

1 어느 버스를 타면 될까요?

どの バスに 乗(の)れば いいですか。

도노 바스니 노레바 이-데스까

どの バスに 乗れば いいですか。　　▶ 문장을 쓰면서 익혀요.

---

2 도쿄 역에 가려면 몇 번 버스를 타면 될까요?

東京駅(とうきょうえき)へ 行(い)くには 何番(なんばん)の バスに 乗(の)れば いいですか。

토-꾜-에끼에 이꾸니와 남반노 바스니 노레바 이-데스까

---

3 어디에서 3번 버스를 탈 수 있나요?

どこで 3番(さんばん)の バスに 乗(の)れますか。

도꼬데 삼반노 바스니 노레마스까

> 다양한 버스 번호를 넣어서 연습하세요.

---

4 1번 버스는 몇 시에 도착하나요?

1番(いちばん)の バスは 何時(なんじ)に 到着(とうちゃく)しますか。

이찌반노 바스와 난지니 토-쨔꾸시마스까

TIP 알고 가면 더 재밌는 일본 상식 ▶ **일본 버스는 뒤로 타고 앞으로 내려요!**

일본 버스는 뒷문으로 승차하고 앞문으로 하차하는 방식이 많아요. 이는 하차 시 요금 계산의 효율성을 높이고 승객의 안전을 보장하기 위해서예요. 하지만 도쿄와 같은 대도시에서는 앞문으로 승차하고 뒷문으로 하차하는 경우가 일반적인데, 이 경우는 균일 요금제가 적용돼요. 따라서 일본 여행 시 해당 지역의 버스 운행 방식을 미리 확인해 보시는 걸 추천드려요.

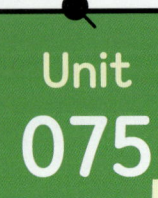

Unit 075 버스 요금 묻기

버스 요금에 관한 문장을 알아볼게요.

핵심 표현 익히기

🎧 MP3 075-1

요금은 얼마인가요?

料金は いくらですか。

료-낑와 이꾸라데스까

대화로 익히기

유리

요금은 얼마인가요?
料金は いくらですか。
료-낑와 이꾸라데스까

기본 요금은 160엔부터입니다.
基本料金は 160円からです。
키혼료-낑와 햐꾸로꾸쥬-엥까라데스

현지인

단어　料金(りょうきん) 요금　いくら 얼마

응용 표현 익히기 🎧 MP3 075-2

1 요금은 타는 거리에 따라 달라져요.

運賃は 乗る 距離に よって 変わります。

운찡와 노루 쿄리니 욧떼 카와리마스

運賃は 乗る 距離に よって 変わります。 ▶ 문장을 쓰면서 익혀요.

2 버스에 탈 때 요금을 지불하세요.

バスに 乗る ときに 運賃を 払って ください。

바스니 노루 토끼니 운찡오 하랏떼 쿠다사이

3 버스를 탈 때 정리권을 뽑으세요.

バスに 乗る とき 整理券を お取りください。

바스니 노루 토끼 세-리껭오 오또리쿠다사이

4 버스에서 내릴 때 요금을 지불하세요.

バスを 降りる ときに 運賃を 払って ください。

바스오 오리루 토끼니 운찡오 하랏떼 쿠다사이

TIP 알고 가면 더 재밌는 일본 상식 ▶ 버스 요금 거리제 vs. 균일제

'거리 비례제'는 거리에 따라 요금이 달라지는 것으로, 뒷문으로 탑승 후 하차 시 앞문에서 요금을 지불하는 시스템이에요. 승객은 탑승 시 기계에서 정리권을 뽑거나 교통카드(IC 카드)를 사용해 요금을 계산할 수 있어요. 정리권에는 승차한 정류장의 번호가 적혀 있는데, 하차 시 이 번호를 통해 요금을 확인하고 지불해요. '균일 요금제'는 말 그대로 정해진 요금을 내는 것으로, 요금은 탑승 시 지불하면 돼요. 이런 시스템은 일본 내에서도 지역에 따라 다르게 운영되므로, 여행 시 각 지역의 규칙을 미리 확인하는 것이 좋아요.

Unit 076 버스 타기

버스를 타고 내릴 때 사용하는 문장을 알아볼게요.

핵심 표현 익히기

🎧 MP3 076-1

도착하면 알려 주시겠어요?
着いたら 教えて もらえますか。
츠이따라 오시에떼 모라에마스까

대화로 익히기

유리

다이칸야마에 도착하면 알려 주시겠어요?
代官山に 着いたら 教えて もらえますか。
다이깡야마니 츠이따라 오시에떼 모라에마스까

네, 알겠어요.
はい、わかりました。
하이 와까리마시따

운전기사

● 단어를 바꿔서 연습해 보세요.
東京駅(とうきょうえき) 토-꾜-에끼 도쿄 역
原宿(はらじゅく) 하라쥬꾸 하라주쿠

단어 着く(つく) 도착하다   教える(おしえる) 가르치다

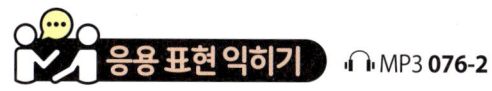 응용 표현 익히기 　🎧 MP3 **076-2**

① 이 버스는 에노시마행인가요?

この バスは 江ノ島行きですか。
えのしまゆ

코노 바스와 에노시마유끼데스까

この バスは 江ノ島行きですか。　▶ 문장을 쓰면서 익혀요.

② 요코하마에 도착하면 알려 주세요.

横浜に 着いたら 知らせて ください。
よこはま　つ　　　し

요꼬하마니 츠이따라 시라세떼 쿠다사이

③ 다음에 내리세요.

次で 降りて ください。
つぎ　お

츠기데 오리떼 쿠다사이

> 정차 벨을 누르고 정류장에 완전히 멈추면 자리에서 일어나세요.

④ 알겠습니다. 고맙습니다.

わかりました。どうも。

와까리마시따 도-모

 TIP 알고 가면 더 재밌는 일본 상식 ▶ **일본의 교통카드**

일본의 교통카드는 대중교통을 이용할 때 뿐만 아니라 일본 내 많은 상점에서도 결제가 가능해 구매하여 사용하면 편리합니다. 편의점이나 패스트푸드점은 물론 자판기에서도 유용하게 사용할 수 있어요. 지역과 노선에 따라 다양한 종류의 카드가 있어요.

스이카(Suica) 수도권과 주변 지역에서 널리 사용되는 카드
파스모(PASMO) 수도권에서 사용되며 스이카와 호환되는 카드　**사피카**(SAPICA) 삿포로 지역 전용 카드
이코카(ICOCA) 간사이 지역에서 사용되는 카드　　**기타카**(Kitaca) 홋카이도 지역에서 사용되는 카드

Unit 077 역 위치 묻기

여행지에서 전철, 지하철, 기차 등을 이용할 때 역의 위치를 묻는 문장을 알아볼게요.

핵심 표현 익히기

🎧 MP3 077-1

가장 가까운 역은 어딘가요?
最寄りの 駅は どこですか。
모요리노 에끼와 도꼬데스까

대화로 익히기

유리

가장 가까운 역은 어딘가요?
最寄りの 駅は どこですか。
모요리노 에끼와 도꼬데스까

단어를 바꿔서 연습해 보세요.
- 電車(でんしゃ) 덴샤 전철
- 地下鉄(ちかてつ) 치까떼쯔 지하철

이 길을 곧장 가면 메구로 역이에요.
この 道を まっすぐ 行くと 目黒駅です。
코노 미찌오 맛스구 이꾸또 메구로에끼데스

현지인

단어 最寄りの(もよりの) 가장 가까운   駅(えき) 역

응용 표현 익히기 🎧 MP3 077-2

1 시부야 역은 어디인가요?

渋谷駅は どこですか。

시부야에끼와 도꼬데스까

渋谷駅は どこですか。　　　　　　　▶ 문장을 쓰면서 익혀요.

2 시부야 역은 여러 개 있는데요.

渋谷駅は いくつか ありますけど。

시부야에끼와 이꾸쯔까 아리마스께도

3 JR 시부야 역에 가고 싶은데요.

JR渋谷駅に 行きたいんですけど。

제-아-루시부야에끼니 이끼따인데스께도

4 도쿄 메트로 긴자선이라면 왼쪽으로 꺾어지세요.

東京メトロ 銀座線なら 左に 曲がって ください。

토-꾜-메또로 긴자센나라 히다리니 마갓떼 쿠다사이

TIP 알고 가면 더 재밌는 일본 상식 ▶ 도쿄의 철도

도쿄의 철도는 크게 JR, 사철, 지하철(메트로/도에이)로 나뉘어 있어요. 각각의 운영사가 다르기 때문에 환승 시 또 다시 티켓을 구매해야 하는 불편함이 있지만, 어디든지 빠르고 정확하게 갈 수 있는 철도 시스템은 여행객의 든든한 발이 되어 줘요. 게다가 보통, 쾌속, 급행으로 나누어 운행해서 목적지까지 빠르게 갈 수 있고 특정 패스를 통해 일정 기간 자유롭게 이용할 수 있어요.

Unit 078 환승하기

열차를 갈아탈 때 사용하는 문장을 알아볼게요.

핵심 표현 익히기

🎧 MP3 078-1

야마노테선은 어디에서 갈아탑니까?

山手線は どこで 乗り換えますか。

야마노떼셍와 도꼬데 노리까에마스까

대화로 익히기

유리:
야마노테선은 어디에서 갈아탑니까?
山手線は どこで 乗り換えますか。
야마노떼셍와 도꼬데 노리까에마스까

현지인:
이케부쿠로 역에서 갈아타세요.
池袋駅で 乗り換えて ください。
이께부꾸로에끼데 노리까에떼 쿠다사이

• 단어를 바꿔서 연습해 보세요.
急行(きゅうこう) 큐-꼬- 급행
特急(とっきゅう) 톡뀨- 특급

단어 乗り換える(のりかえる) 환승하다, 갈아타다

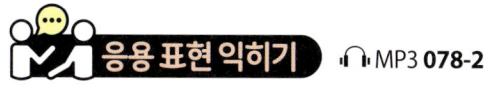 응용 표현 익히기　MP3 078-2

1 몇 호선을 타면 됩니까?
何線に 乗れば いいですか。
나니센니 노레바 이-데스까

何線に 乗れば いいですか。　▶ 문장을 쓰면서 익혀요.

2 주오선으로 갈아타세요.
中央線に 乗り換えて ください。
츄-오-센니 노리까에떼 쿠다사이

> 일본의 철도 노선은 번호로 불리지 않고 지명 등으로 불려요.

3 다음 역에서 일반 열차로 갈아타세요.
次の 駅で 各駅停車に 乗り換えて ください。
츠기노 에끼데 카꾸에끼떼-샤니 노리까에떼 쿠다사이

4 일반 열차 환승은 건너편 승강장이에요.
各駅の 乗り換えは 向かいの ホームです。
카꾸에끼노 노리까에와 무까이노 호-무데스

> 各駅는 各駅停車의 줄임말이에요.

 TIP 알고 가면 더 재밌는 일본 상식 ▶ JR 패스

JR 패스(Japan Rail Pass)는 일본의 JR선을 무제한으로 이용할 수 있는 특별한 승차권이에요. 전국판과 지역판으로 나뉘는데, 전국판의 경우 일본 전역에서 사용 가능해요. 승차권에 따라 7일, 14일, 21일간 사용할 수 있으며, 보통차와 그린차(1등석) 옵션이 있어요. JR 패스는 출발 전 국내에서 온라인으로 구매하면 편리해요. 일본에 도착 후 지정된 장소에서 여권과 교환권을 제출하면 패스를 받을 수 있어요. JR 패스를 이용하면 교통비를 절감하며 편리하게 여러 도시를 여행할 수 있어 적극 추천드려요.

Unit 079 승강장 확인하기

전철, 지하철, 기차 등을 이용할 때 승강장도 잘 확인하고 타야 해요. 다음 문장들을 잘 익혀 두세요.

핵심 표현 익히기

🎧 MP3 079-1

몇 번 승강장에서 타면 됩니까?
何番 ホームで 乗れば いいですか。
남방 호-무데 노레바 이-데스까

대화로 익히기

유리

몇 번 승강장에서 타면 됩니까?
何番 ホームで 乗れば いいですか。
남방 호-무데 노레바 이-데스까

5번 승강장에서 타세요.
5番 ホームで 乗って ください。
고방 호-무데 놋떼 쿠다사이

현지인

● 단어를 바꿔서 연습해 보세요.
4番(よんばん) 욘방 4번
9番(きゅうばん) 큐-방 9번

단어 何番(なんばん) 몇 번　ホーム 승강장

응용 표현 익히기 MP3 079-2

1 이 전철은 에노시마행인가요?

この 電車は 江ノ島行きですか。

코노 덴샤와 에노시마유끼데스까

この 電車は 江ノ島行きですか。　　▶ 문장을 쓰면서 익혀요.

2 이 전철은 요요기 역에 서나요?

この 電車は 代々木駅に 止まりますか。

코노 덴샤와 요요기에끼니 토마리마스까

> 급행이나 특급 등으로 운영하는 열차가 있으니 정차하는 역을 확인하고 탑승하세요.

3 실수로 반대쪽 개찰구로 들어와 버렸어요.

間違って 反対方向の 改札から 入っちゃったんです。

마찌갓떼 한따이호-꼬-노 카이사쯔까라 하잇쨧딴데스

4 반대 방향 승강장으로 가고 싶은데요.

反対方向の ホームに 行きたいんですが。

한따이호-꼬-노 호-무니 이끼따인데스가

> 역에 따라서 개찰구를 다시 통과해야 하는 경우도 있어요.

 TIP 알고 가면 더 재밌는 일본 상식 ▶ 도쿄 근교 여행지 '요코하마'

요코하마(橫浜)는 일본 가나가와현에 위치한 항구 도시로, 도쿄에서 30~40분 정도면 도착할 수 있어 당일치기 여행 또는 반나절 투어로 인기가 많은 관광지입니다. 특히 미나토미라이, 차이나타운, 야마시타 공원 등이 유명한데, 미나토미라이에 간다면 붉은 벽돌 창고, 요코하마 랜드마크 타워를 꼭 방문해 보세요!

207

Unit 080 요금 정산하기

전철, 지하철, 기차 등을 이용한 뒤 정산할 때 사용하는 문장을 알아볼게요. 일본의 철도는 이용 구간에 따라서 금액 차이가 큰 편이니 미리 교통카드를 충전하세요.

핵심 표현 익히기

🎧 MP3 080-1

정산은 어디에서 하나요?

せいさん
精算は どこで しますか。

세-상와 도꼬데 시마스까

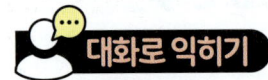 대화로 익히기

유리

정산은 어디에서 하나요?
せいさん
精算は どこで しますか。
세-상와 도꼬데 시마스까

개찰구 근처에 정산기가 있어요.
かいさつぐち　　　　　　せいさん き
改札口の あたりに 精算機が
あります。
카이사쯔구찌노 아따리니 세-상끼가 아리마스

현지인

단어 精算(せいさん) 정산　改札口(かいさつぐち) 개찰구

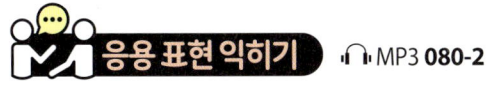 MP3 080-2

1 현금만 사용할 수 있어요.

現金のみです。
げんきん

겡낀노미데스

現金のみです。　　　　　　　　　　　　　▶ 문장을 쓰면서 익혀요.

2 교통카드의 금액이 부족한 거 같아요.

ICカードの お金が 足りないんだと 思います。
　　　　　　かね　た　　　　　　　　おも

아이씨-카-도노 오까네가 타리나인다또 오모이마스

3 어떻게 하면 될까요?

どうしたら いいですか。

도-시따라 이-데스까

4 저 정산기에서 충전할 수 있어요.

あの 精算機で チャージ できますよ。
　　　せいさん き

아노 세-상끼데 챠-지 데끼마스요

> 정산기를 통한 충전은 현금으로만 가능하니 꼭 현금을 준비하세요.

 알고 가면 더 재밌는 일본 상식 ▶ **도쿄 근교 여행지 '가와고에'**

가와고에(川越)는 일본 사이타마현에 위치한 도쿄 근교 도시로, '작은 에도'라는 별칭으로 알려져 있어요. 이곳은 에도 시대의 건축 양식이 잘 보존되어 있어 과거의 일본을 체험할 수 있는 매력적인 여행지예요. 특히, 가와고에 성과 전통적인 창고 거리가 유명하며, 매년 10월에는 활기찬 가와고에 축제가 열리니 이 시기에 기회가 된다면 꼭 한번 들러 보세요.

Unit 081 출구 찾기

여행지에서 전철, 지하철, 기차 등으로 이동 후 출구를 찾을 때 사용하는 문장을 알아볼게요.

핵심 표현 익히기

🎧 MP3 081-1

지브리 미술관은 어느 출구인가요?

ジブリ美術館は どの 出口ですか。

지브리비쥬쯔깡와 도노 데구찌데스까

대화로 익히기

유리:
지브리 미술관은 어느 출구인가요?
ジブリ美術館は どの 出口ですか。
지브리비쥬쯔깡와 도노 데구찌데스까

현지인:
남쪽 출구예요.
南口です。
미나미구찌데스

단어를 바꿔서 연습해 보세요.
西口(にしぐち) 니시구찌 서쪽 출구
東口(ひがしぐち) 히가시구찌 동쪽 출구

단어 美術館(びじゅつかん) 미술관　出口(でぐち) 출구

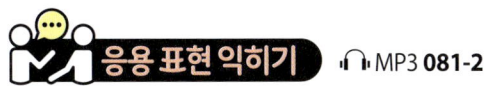 응용 표현 익히기 MP3 081-2

1 출구는 어디인가요?
出口は どこですか。
데구찌와 도꼬데스까

出口は どこですか。　　　▶ 문장을 쓰면서 익혀요.

2 북쪽 출구는 어디예요?
北口は どこですか。
키따구찌와 도꼬데스까

> 일본의 철도 출구는 동서남북 방향으로 말하는 경우가 많아요.

3 센소지는 어느 쪽인가요?
浅草寺は どっちですか。
센소-지와 돗찌데스까

> どっちは どちらの 줄임말이에요.

4 역 반대쪽이에요.
駅の 反対側です。
에끼노 한따이가와데스

 TIP　알고 가면 더 재밌는 일본 상식 ▶ 도쿄 근교 여행지 '미우라'

미우라(三浦)는 일본 가나가와현 남단에 위치한 도시로, 아름다운 해안선과 해산물 시장, 참치잡이로 유명해요. 도쿄에서 전철로 약 1시간 30분~2시간 거리라 당일치기로도 충분히 다녀올 수 있어서, 자연과 바다를 즐기고 싶은 분들께 인기 있는 근교 여행지예요.

Unit 082 매표소 찾기

표를 사는 곳을 묻는 문장을 알아볼게요. 참고로 '녹색 창구'라는 뜻의 미도리노 마도구찌(みどりの窓口)는 신칸센 티켓 판매 및 JR 패스 관련 업무도 하고 있어요.

핵심 표현 익히기

🎧 MP3 082-1

표는 어디에서 살 수 있나요?
切符は どこで 買えますか。
킵뿌와 도꼬데 카에마스까

대화로 익히기

유리: 표는 어디에서 살 수 있나요?
切符は どこで 買えますか。
킵뿌와 도꼬데 카에마스까

현지인: 저기에 자동판매기가 있어요.
あそこに 自動販売機が あります。
아소꼬니 지도-함바이끼가 아리마스

단어 切符(きっぷ) 표, 티켓 自動販売機(じどうはんばいき) 자동판매기

응용 표현 익히기 🎧 MP3 082-2

1 녹색 창구(신칸센 티켓 판매소)는 어디입니까?

みどりの 窓口は どこですか。
まどぐち

미도리노 마도구찌와 도꼬데스까

みどりの 窓口は どこですか。　　　▶ 문장을 쓰면서 익혀요.

2 1층입니다.

1階です。
いっかい

익까이데스

> '지하 1층'은 ちかいっかい(地下 1 階, 치까 익까이)라고 해요.

3 매표소는 어디인가요?

切符売り場は どこですか。
きっぷ　う　ば

킵뿌우리바와 도꼬데스까

4 편의점 옆이에요.

コンビニの 横です。
よこ

콤비니노 요꼬데스

 **TIP** 알고 가면 더 재밌는 일본 상식 ▶ 도쿄 근교 여행지 '닛코'

닛코(日光)는 일본 도치기현에 위치한 유명한 관광지로, 도쿄에서 약 2시간 거리에 있어요. 이곳은 아름다운 자연 경관과 역사적 유산이 조화를 이루고 있는 도시로, 세계유산으로 등록된 닛코 도쇼구와 일본의 3대 폭포 중 하나인 화엄 폭포가 유명해요. 매년 1,000만 명 이상이 방문하며, 특히 단풍 시즌에 많은 관광객이 이곳을 찾아요.

Unit 083 열차 시간 알아보기

여행지에서 전철, 지하철, 기차 등을 이용할 때 출발 시간 등을 확인하는 문장을 알아볼게요.

 **핵심 표현 익히기**

🎧 MP3 083-1

도쿄행, 다음 신칸센은 몇 시입니까?

東京行き、次の 新幹線は 何時ですか。

토-꾜-유끼 쯔기노 싱깐셍와 난지데스까

대화로 익히기

유리

도쿄행, 다음 신칸센은 몇 시입니까?
東京行き、次の 新幹線は 何時ですか。
토-꾜-유끼 쯔기노 싱깐셍와 난지데스까

1시 20분 출발이 있습니다.
1時 20分発が あります。
이찌지 니쥽뿡하쯔가 아리마스

현지인

● 단어를 바꿔서 연습해 보세요.
大阪行き(おおさかゆき) 오-사까유끼 오사카행
京都行き(きょうとゆき) 쿄-또유끼 교토행

단어 東京行き(とうきょうゆき) 도쿄행　次(つぎ) 다음　新幹線(しんかんせん) 신칸센

응용 표현 익히기 🎧 MP3 083-2

1 악천후로 인해 지연이 발생하고 있습니다.

悪天候の ために 遅れが 出て います。

아꾸뗑꼬-노 타메니 오꾸레가 데떼 이마스

悪天候の ために 遅れが 出て います。　　▶ 문장을 쓰면서 익혀요.

2 몇몇 열차 운행이 중지되었습니다.

いくつかの 運休が 出て います。

> 특히 태풍 시즌에는 열차 중단이 종종 발생하곤 해요.

이꾸쯔까노 웅뀨-가 데떼 이마스

3 전철 시간표는 어디에서 볼 수 있나요?

電車の 時刻表は どこで 見る ことが できますか。

덴샤노 지꼬꾸효-와 도꼬데 미루 꼬또가 데끼마스까

4 이 신칸센은 15분 후에 하카타에 도착할 예정입니다.

この 新幹線は 15分後に 博多に 到着する 予定です。

코노 싱깐셍와 쥬-고훙고니 하까따니 토-쨔꾸스루 요떼-데스

TIP 알고 가면 더 재밌는 일본 상식 ▶ 도쿄 근교 여행지 '하코네'

하코네(箱根)는 일본 가나가와현에 위치한 유명한 온천 지역으로, 후지하코네이즈 국립공원의 일부예요. 이곳은 풍부한 자연 경관과 역사적 명소로 잘 알려져 있으며, 특히 하코네 신사와 아시노코 호수, 오와쿠다니 화산 계곡이 유명해요. 일본인들이 사랑하는 휴양지인 하코네는 다양한 온천과 미술관이 있어 문화 체험과 여유로운 휴식을 즐기기에 최적의 장소이기도 해요.

Unit 084 - 티켓 구매하기

여행지에서 전철, 지하철, 기차 등의 티켓을 구매하거나 취소할 때 사용하는 문장을 알아볼게요.

핵심 표현 익히기

🎧 MP3 084-1

도쿄까지 편도 한 장 주세요.

東京まで 片道 1枚 お願いします。

토-꾜-마데 카따미찌 이찌마이 오네가이시마스

대화로 익히기

유리:
도쿄까지 편도 한 장 주세요.
東京まで 片道 1枚 お願いします。
토-꾜-마데 카따미찌 이찌마이 오네가이시마스

● 단어를 바꿔서 연습해 보세요.
大人(おとな) 오또나 성인
子供(こども) 코도모 어린이

역무원:
지정석이 만 엔, 자유석이 7천 엔입니다.
指定席が 1万円、自由席が 7千円です。
시떼-세끼가 이찌망엥 지유-세끼가 나나셍엔데스

단어 ~まで ~까지   片道(かたみち) 편도

응용 표현 익히기 🎧 MP3 084-2

1 자유석으로 하겠습니다.
じゆうせき
自由席に します。
지유-세끼니 시마스

自由席に します。　　　　　▶ 문장을 쓰면서 익혀요.

> 자유석은 자유석 전용 칸에서 빈자리를 이용하는 티켓이에요.

2 도쿄행, 편도, 자유석 한 장이죠?
とうきょう ゆ　　かたみち　　じゆうせき いちまい
東京行き、片道、自由席 1枚ですね。
토-꾜-유끼 카따미찌 지유-세끼 이찌마이데스네

3 오사카까지 왕복 티켓 두 장 부탁합니다.
おおさか　　　おうふく　　　　　　 にまい　 ねが
大阪まで 往復チケットを 2枚 お願いします。
오-사까마데 오-후꾸치껫또오 니마이 오네가이시마스

> '세 장'은 さんまい(3枚, 삼마이)라고 해요.

4 이 표를 취소하고 싶습니다.
　　　 きっぷ
この 切符を キャンセルしたいんです。
코노 킵뿌오 캰세루시따인데스

TIP 알고 가면 더 재밌는 일본 상식 ▶ 도쿄 근교 여행지 '에노시마'

에노시마(江ノ島)는 도쿄 근교 가나가와현에 위치한 아름다운 섬으로, 섬 전체를 산책하며 천연 동굴, 전망대, 온천 등을 즐길 수 있어 하루 여행지로 안성맞춤입니다. 552년에 설립된 에노시마 신사가 유명하며, 슬램덩크의 배경지여서 성지순례 코스로도 인기 있는 관광지예요.

 Unit 085

택시에 짐 싣기

여행지에서 택시를 이용할 때 사용하는 문장을 알아볼게요. 택시 요금은 우리나라에 비해서 비싼 편이지만 짐이 많거나 날씨가 좋지 않을 때는 택시가 제일 편하죠!

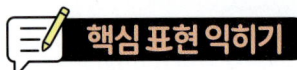 핵심 표현 익히기

🎧 MP3 085-1

트렁크 좀 열어 주실 수 있나요?
トランク 開(あ)けて もらえますか。
토랑꾸 아께떼 모라에마스까

 대화로 익히기

유리

뒤쪽 트렁크 좀 열어 주실 수 있나요?
後(うし)ろの トランク 開(あ)けて もらえますか。
우시로노 토랑꾸 아께떼 모라에마스까

네.
はい。
하이

운전기사

단어 トランク 트렁크   後(うし)ろ 뒤

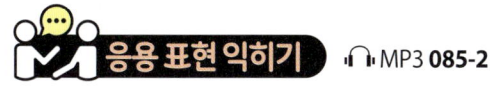 응용 표현 익히기 🎧 MP3 085-2

1 트렁크에 짐을 넣어도 될까요?

トランクに 荷物(にもつ)を 入(い)れても いいですか。

토랑꾸니 니모쯔오 이레떼모 이-데스까

トランクに 荷物を 入れても いいですか。　▶ 문장을 쓰면서 익혀요.

---

2 짐을 넣고 싶은데요.

荷物(にもつ)を 入(い)れたいんです。

니모쯔오 이레따인데스

---

3 여행 가방을 트렁크에 넣어 주실 수 있나요?

スーツケースを トランクに 積(つ)んで もらえますか。

스-쯔케-스오 토랑꾸니 쯘데 모라에마스까

---

4 트렁크가 안 열려요.

トランクが 開(あ)かないんです。

토랑꾸가 아까나인데스

 **TIP** 알고 가면 더 재밌는 일본 상식 ▶ 일본 택시는 자동문

일본의 택시는 문이 자동문이라는 거 아시나요? 일본 택시의 뒷좌석 문은 승객이 직접 열 수 없고, 운전자가 버튼을 눌러 문을 열고 닫는 방식이에요. 이는 승객의 안전을 보장하고, 택시 내부와 외부의 충돌 사고를 방지하기 위한 장치죠. 또한 일본의 전통적인 접대 문화인 '오모테나시'와도 관련이 있는데, 손님을 대접하는 마음으로 승객이 편리하게 탑승할 수 있도록 돕기 위해 개발되었어요.

Unit 086 목적지 말하기

택시 기사님에게 목적지를 말할 때 사용하는 문장을 알아볼게요.

핵심 표현 익히기

🎧 MP3 086-1

이 주소로 가 주세요.
この 住所まで お願いします。
코노 쥬-쇼마데 오네가이시마스

대화로 익히기

유리

이 주소로 가 주세요.
この 住所まで お願いします。
코노 쥬-쇼마데 오네가이시마스

네, 내비게이션으로 검색하겠습니다. 잠시 기다려 주세요.
はい、カーナビで 検索します。
少々 お待ちください。
하이 카-나비데 켄사꾸시마스 쇼-쇼- 오마찌쿠다사이

운전기사

단어 住所(じゅうしょ) 주소   検索(けんさく) 검색

220

응용 표현 익히기 🎧 MP3 086-2

1 스카이트리까지 부탁드립니다.

スカイツリーまで お願(ねが)いします。

스까이쯔리-마데 오네가이시마스

> 목적지에 다양한 지명을 넣어서 연습하세요.

スカイツリーまで お願いします。　▶ 문장을 쓰면서 익혀요.

2 시나가와 플라자 호텔로 가 주세요.

品川(しながわ)の プラザホテルに 行(い)って ください。

시나가와노 프라자호떼루니 잇떼 쿠다사이

3 거기까지 얼마나 걸리나요?

そこまで どれぐらい かかりますか。

소꼬마데 도레구라이 카까리마스까

4 조금 더 서둘러 주실 수 있나요?

もう 少(すこ)し 急(いそ)いで もらえますか。

모- 스꼬시 이소이데 모라에마스까

 TIP 알고 가면 더 재밌는 일본 상식 ▶ **택시 앞자리 타지 않기**

일본에서 택시를 이용할 때는 주로 뒷좌석에 앉는 것이 관례이며, 조수석은 인원수가 많거나 특별한 이유가 있을 때만 사용하는 것이 좋아요. 일본 택시는 자동문으로 되어 있어 기사가 뒷좌석의 왼쪽 문을 열고 닫는데, 조수석 문은 승객이 직접 열어야 해요.

Unit 087 택시 요금 지불하기

택시에서 내릴 때 사용하는 문장을 알아볼게요.

핵심 표현 익히기

MP3 087-1

여기 세워 주세요.
ここで 止(と)めて ください。
코꼬데 토메떼 쿠다사이

대화로 익히기

유리

여기 세워 주세요.
ここで 止(と)めて ください。
코꼬데 토메떼 쿠다사이

네, 여기 말이죠?
はい、ここですね。
하이 코꼬데스네

운전기사

● 단어를 바꿔서 연습해 보세요.
信号の 前(しんごうの まえ) 싱고-노 마에 신호등 앞
駅の 前(えきの まえ) 에끼노 마에 역 앞

단어 ここ 여기   止める(とめる) 멈추다, 세우다

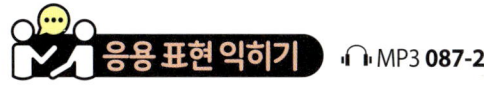 **응용 표현 익히기** 🎧 MP3 087-2

1 카드로 할게요.

カードで お願いします。

카-도데 오네가이시마스

カードで お願いします。　　　▶ 문장을 쓰면서 익혀요.

2 네, 잠시만 기다리세요.

はい、少々 お待ちください。

하이 쇼-쇼- 오마찌쿠다사이

3 잔돈은 됐어요.

おつりは いいです。

오쯔리와 이-데스

4 영수증 부탁합니다.

レシート お願いします。

레시-또 오네가이시마스

 TIP 알고 가면 더 재밌는 일본 상식 ▶ **반말의 정서**

일본어에서 반말(タメ口, 타메구치)은 친근함을 나타내는 표현으로, 가까운 사이에 사용돼요. 반말은 나이나 지위와 관계없이 사용될 수 있으며, 주로 친구나 가족처럼 가까운 사이에 사용해요. 일본어에서 반말은 상대 방과의 관계를 더욱 가깝게 만드는 중요한 언어적 도구라고 볼 수 있어요. 따라서 일본에서 누군가가 반말로 다가온다면, 이는 그들이 당신과 더 친해지고 싶다는 신호로 해석할 수도 있어요.

Unit 088 렌터카 수속하기

대도시가 아니라면 렌터카를 빌려서 구석구석 돌아보는 여행을 하는 것도 좋죠. 렌터카를 사용할 때 필요한 문장을 알아볼게요.

핵심 표현 익히기

🎧 MP3 088-1

차를 빌리고 싶은데요.
車を 借りたいんですけど。
쿠루마오 카리따인데스께도

대화로 익히기

유리

차를 빌리고 싶은데요.
車を 借りたいんですけど。
쿠루마오 카리따인데스께도

이쪽에 앉아 주세요.
こちらに おかけください。
코찌라니 오까께쿠다사이

렌터카 직원

단어 車(くるま) 자동차 借りる(かりる) 빌리다

224

응용 표현 익히기 🎧 MP3 088-2

① 인터넷으로 예약한 최유리입니다.
インターネットで 予約した チェ・ユリです。
인따-넷또데 요야꾸시따 체 유리데스

インターネットで 予約した チェ・ユリです。 ▶ 문장을 쓰면서 익혀요.

② 예약 번호를 알고 계신가요?
予約番号を ご存知ですか。
요야꾸방고-오 고존지데스까

> 렌터카 대여를 인터넷으로 예약한 경우 사이트 이름도 알고 있으면 좋아요.

③ 네, 이게 예약 번호예요.
はい、これが 予約番号です。
하이 코레가 요야꾸방고-데스

> 예약 내역 이미지를 미리 준비하면 편하게 수속을 진행할 수 있어요.

④ 국제면허증과 여권 부탁드립니다.
国際免許証と パスポート お願いします。
콕사이멩꾜쇼-또 파스뽀-또 오네가이시마스

TIP 알고 가면 더 재밌는 일본 상식 ▶ SA/PA vs. 미치노에키

일본의 휴게소는 크게 고속도로용 SA/PA와 일반 도로용 미치노에키(道の駅)로 나뉘어요. 서비스 에어리어(SA)는 고속도로상에 있는 대형 휴게소를 말하고, 파킹 에어리어(PA)는 SA보다 작고 간단한 설비만 있는 고속도로 휴게소예요. 반면, 미치노에키는 국도 등의 일반 도로에 위치하며, 지역 특산품, 음식, 관광 정보 등을 즐길 수 있어 로컬 감성을 즐길 수 있어요.

Unit 089 렌터카 차량 확인

렌터카를 예약할 때 요청한 차량이 맞는지, 보험은 가입되어 있는지 확인할 때 사용하는 문장을 알아볼게요.

핵심 표현 익히기

🎧 MP3 089-1

오토매틱 차량을 예약하셨네요.

**オートマチック車を
予約なさいましたね。**

오-또마찍꾸샤오 요야꾸나사이마시따네

대화로 익히기

렌터카 직원

소형 오토매틱 차량을 예약하셨네요.
小型の オートマチック車を 予約なさいましたね。
코가따노 오-또마찍꾸샤오 요야꾸나사이마시따네

네, 그렇습니다.
はい、そうです。
하이 소-데스

유리

● 단어를 바꿔서 연습해 보세요.
マニュアル車(マニュアルしゃ) 마뉴아루샤 스틱 차량

단어 オートマチック 오토매틱　小型(こがた) 소형

응용 표현 익히기 🎧 MP3 089-2

1 이 자동차는 금연차입니다.

この 車は 禁煙車でございます。

코노 쿠루마와 킹엔샤데고자이마스

この 車は 禁煙車でございます。

> 금연차에서 흡연을 할 경우에는 청소비를 청구해요.

▶ 문장을 쓰면서 익혀요.

2 이 요금에 보험은 포함되어 있나요?

この 料金に 保険は 含まれて いますか。

코노 료-낀니 호껭와 후꾸마레떼 이마스까

3 본인 명의의 신용 카드를 부탁합니다.

本人名義の クレジットカードを お願いします。

혼닝메-기노 크레짓또카-도오 오네가이시마스

> 예약자 본인의 신용 카드가 필요해요.

4 확인하시고 여기에 사인 부탁드립니다.

ご確認の 上、ここに サインを お願いします。

고까꾸닌노 우에 코꼬니 사잉오 오네가이시마스

 **TIP** 알고 가면 더 재밌는 일본 상식 ▶ 운전 시 주의점

일본에서 운전할 때 꼭 주의해야 할 점이 몇 가지 있어요. 핸들이 오른쪽에 있고 좌측으로 운전해야 해요. 빨간 신호에서 좌회전이나 유턴은 할 수 없어요. '도마레(止まれ)'라고 적힌 곳에서는 반드시 3초간 정지한 후 진행해야 해요. 대부분의 주차는 유료로 운영되는데, 불법 주차를 할 경우 10,000엔 이상의 벌금이 부과될 수 있어요. 단, 식당이나 쇼핑센터의 주차장은 해당 시설 이용 시 무료로 사용할 수 있어요.

Unit 090 렌터카 옵션 확인

렌터카를 빌리면서 다양한 차량 옵션을 확인해야 하는데요, 예약한 내용과 실제 차량의 옵션이 일치하는지 확인할 때 사용하는 문장을 알아볼게요.

🎧 MP3 090-1

내비게이션은 사용하시나요?
カーナビは ご利用になられますか。
카-나비와 고리요-니나라레마스까

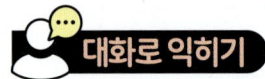

렌터카 직원

IC 카드와 내비게이션은 사용하시나요?
ICカードと カーナビは ご利用になられますか。
아이씨-카-도또 카-나비와 고리요-니나라레마스까

네, 사용합니다.
はい、使います。
하이 츠까이마스

유리

• 단어를 바꿔서 연습해 보세요.
　ドライブレコーダー 도라이브레꼬-다- 블랙박스
　ベビーシート 베비-시-또 베이비시트

단어 カーナビ 내비게이션　利用(りよう) 이용

응용 표현 익히기 MP3 090-2

1 내비게이션이 달린 차를 원해요.

カーナビ付きの 車を 希望して います。

카-나비쯔끼노 쿠루마오 키보-시떼 이마스

カーナビ付きの 車を 希望して います。

▶ 문장을 쓰면서 익혀요.

> 만약에 내비게이션이 없다면 스마트폰의 구글맵을 이용하면 정확한 길 안내를 받을 수 있어요.

2 추가 운전자를 등록하고 싶습니다.

追加運転者を 登録したいです。

츠이까운뗀샤오 토-로꾸시따이데스

3 연료를 꽉 채워 반납해야 하나요?

ガソリンは 満タンで 返却しますか。

가소링와 만딴데 헹꺄꾸시마스까

4 내비게이션 사용법을 알려 주세요.

カーナビの 使い方を 教えて ください。

카-나비노 츠까이까따오 오시에떼 쿠다사이

> 대부분의 렌터카 내비게이션에는 한국어 지원이 가능하지만, 예약 시 반드시 한국어 지원 여부를 확인하세요.

 **TIP** 알고 가면 더 재밌는 일본 상식 ▶ 고속도로 요금이 정말 비싼 일본

일본에서 렌터카 여행을 할 계획이라면 고속도로 요금도 고려해야 해요. 일본의 고속도로 요금은 우리나라의 3~5배에 달할 정도로 상당히 비싼데, 고속도로가 대부분 민영화되어 있어서 통행료 수입으로 도로 관리와 유지 보수를 전부 해결해야 하기 때문이래요. 그래서 일본에서 장거리 운전을 할 땐, 톨게이트 비용까지 포함해서 예산을 짜는 게 좋아요.

Unit 091 렌터카 문제 대처

렌터카에 문제가 생겼을 때 당황하지 않고 대처할 수 있도록 필요한 문장을 알아볼게요. 관광지의 렌터카 긴급 고객 센터는 대부분 한국어 응대가 가능하니 너무 걱정하지 마세요.

핵심 표현 익히기

🎧 MP3 091-1

이 번호로 연락주십시오.
この 電話番号に ご連絡ください。
코노 뎅와방고-니 고렌라꾸쿠다사이

대화로 익히기

렌터카 직원

긴급 상황일 때는 이 번호로 연락주십시오.
緊急事態には この 電話番号に ご連絡ください。
킹뀨-지따이니와 코노 뎅와방고-니 고렌라꾸쿠다사이

한국어를 사용할 수 있나요?
韓国語が 使えますか。
캉꼬꾸고가 츠까에마스까

유리

• 단어를 바꿔서 연습해 보세요.
緊急の とき(きんきゅうの とき) 킹뀨-노 또끼 긴급할 때

단어 連絡(れんらく) 연락　緊急事態(きんきゅうじたい) 긴급 사태, 긴급 상황

응용 표현 익히기 🎧 MP3 091-2

1 여기 흠집이 있어요.

ここに 傷(きず)が あります。

코꼬니 키즈가 아리마스

ここに 傷が あります。

▶ 문장을 쓰면서 익혀요.

> 계약서 상의 흠집 위치와 정도를 정확하게 파악하고 반드시 기록을 남기세요.

2 흠집을 내 버렸어요.

傷(きず)を 付(つ)けて しまいました。

키즈오 츠께떼 시마이마시따

3 타이어 공기압을 체크해 주시겠어요?

タイヤの 空気圧(くうきあつ)を チェックして いただけますか。

타이야노 쿠-끼아쯔오 첵꾸시떼 이따다께마스까

4 배터리를 확인해 주실 수 있나요?

バッテリーを 確認(かくにん)して いただけますか。

밧떼리-오 카꾸닌시떼 이따다께마스까

TIP 알고 가면 더 재밌는 일본 상식 ▶ 후지산

후지산은 일본에서 가장 높은 산이며, 일본 문화와 역사에서 중요한 상징으로 매년 수많은 관광객과 등산객이 방문해요. 매년 여름철인 7월 초부터 9월 초까지 등반이 가능하며, 성수기는 7월 말부터 8월 말까지로 이 시기에 약 20만 명의 등산객이 정상에서 일출을 보기 위해 방문해요. 등반은 보통 2일 간의 여정을 통해 이루어지며, 중간에 위치한 산장에서 하룻밤을 보내고 다음 날 아침 일찍 정상으로 출발하기도 해요.

Chapter 5 교통 및 길 찾기 필수 단어

❶ 계단	階段 [카이당]	かいだん		
❷ 도로	道路 [도-로]	どうろ		
❸ 빌딩	ビル [비루]	ビル		
❹ 공원	公園 [코-엥]	こうえん		
❺ 관광	観光 [캉꼬-]	かんこう		
❻ 교차로	交差点 [코-사뗑]	こうさてん		
❼ 길	道 [미찌]	みち		
❽ 뒤	後ろ [우시로]	うしろ		
❾ 모퉁이	角 [카도]	かど		
❿ 표시	しるし [시루시]	しるし		

* 단어를 쓰면서 익혀요.

⑪ 편의점	コンビニ [콤비니]	コンビニ		
⑫ 목적지	もくてきち 目的地 [모꾸떼끼찌]	もくてきち		
⑬ 방향	ほうこう 方向 [호-꼬-]	ほうこう		
⑭ 은행	ぎんこう 銀行 [깅꼬-]	ぎんこう		
⑮ 병원	びょういん 病院 [뵤-잉]	びょういん		
⑯ 시장	いちば 市場 [이찌바]	いちば		
⑰ 신호등	しんごう 信号 [싱고-]	しんごう		
⑱ 위치	いち 位置 [이찌]	いち		
⑲ 지도	ちず 地図 [치즈]	ちず		
⑳ 파출소	こうばん 交番 [코-방]	こうばん		

Chapter 6

관광지에서

입장권 구매부터 사진 촬영 허락까지, 관광지에서 꼭 필요한 표현들을 모았습니다. 또한 예기치 않게 다쳤을 때나 물건을 잃었을 때 쓸 수 있는 표현들도 함께 준비했어요. 이번 챕터를 통해 즐거운 관광과 안전한 여행, 둘 다 챙겨 보세요!

Unit 092 관광지 추천받기

미리 알아보고 가도 현지인에게 정보를 얻는 것만큼 정확한 건 없겠죠. 관광지에 대해서 알아볼 때 필요한 문장을 알아볼게요.

핵심 표현 익히기

🎧 MP3 092-1

추천할 만한 관광 명소는 어디인가요?

お勧めの 観光名所は どこですか。

오스스메노 캉꼬-메-쇼와 도꼬데스까

대화로 익히기

유리

추천할 만한 관광 명소는 어디인가요?
お勧めの 観光名所は どこですか。
오스스메노 캉꼬-메-쇼와 도꼬데스까

↳ 단어를 바꿔서 연습해 보세요.
博物館(はくぶつかん) 하꾸부쯔깡 박물관
美術館(びじゅつかん) 비쥬쯔깡 미술관

시부야 스카이를 추천합니다.
渋谷スカイが お勧めです。
시부야스까이가 오스스메데스

현지인

단어 お勧め(おすすめ) 추천   観光(かんこう) 관광   名所(めいしょ) 명소

응용 표현 익히기 🎧 MP3 092-2

1 실례합니다, 관광 안내소는 어디인가요?

すみません、観光案内所は どこですか。
스미마셍 캉꼬-안나이죠와 도꼬데스까

すみません、観光案内所は どこですか。　▶ 문장을 쓰면서 익혀요.

2 제일 유명한 관광 명소가 어디인가요?

一番 有名な 観光名所は どこですか。
이찌방 유-메-나 캉꼬-메-쇼와 도꼬데스까

3 관광 지도를 부탁합니다.

観光マップを お願いします。
캉꼬-맙뿌오 오네가이시마스

> 현지 관광 지도로 구글 맵으로는 알 수 없는 정보도 얻을 수 있어요.

4 한 장이면 될까요? 여기 있습니다.

1枚で よろしいですか。どうぞ。
이찌마이데 요로시-데스까 도-조

 TIP 알고 가면 더 재밌는 일본 상식 ▶ 의성어·의태어에 대한 인식 차이

일본어는 의성어·의태어가 다른 언어에 비해 훨씬 많고, 일상에서 훨씬 더 자주 사용돼요. 또한 의성어와 의태어의 사용이 특정 연령대나 성별에 국한되지 않고 성인끼리 대화를 하거나 뉴스에서 기사를 전달할 때도 자주 사용되는 것이 특징이에요. 그만큼 의성어와 의태어의 사용 범위가 넓다고 볼 수 있어요.

Unit 093 입장권 구매하기

매표소의 위치를 묻거나 표를 살 때 사용할 수 있는 문장을 알아볼게요.

핵심 표현 익히기

🎧 MP3 093-1

입장료는 얼마인가요?
入場料は いくらですか。
にゅうじょうりょう

뉴-죠-료-와 이꾸라데스까

대화로 익히기

유리

입장료는 얼마인가요?
入場料は いくらですか。
にゅうじょうりょう
뉴-죠-료-와 이꾸라데스까

어른 300엔입니다.
大人 300円です。
おとな　さんびゃくえん
오또나 삼뱌꾸엔데스

매표소 직원

● 단어를 바꿔서 연습해 보세요.
　学生(がくせい) 각세- 학생
　子供(こども) 코도모 어린이

단어 入場料(にゅうじょうりょう) 입장료　大人(おとな) 어른, 성인

응용 표현 익히기 🎧 MP3 093-2

1 매표소는 어디인가요?
切符 売り場は どこですか。
킵뿌 우리바와 도꼬데스까

切符 売り場は どこですか。　　　▶ 문장을 쓰면서 익혀요.

2 어른 한 장 주세요.
大人 1枚 ください。
오또나 이찌마이 쿠다사이

> '두 장'은 にまい(二枚, 니마이), '세 장'은 さんまい(三枚, 삼마이)라고 해요.

3 어린이 티켓은 얼마인가요?
子供の チケットは いくらですか。
코도모노 치껫또와 이꾸라데스까

4 어른 두 명, 아이 한 명입니다.
大人 二人、子供 一人です。
오또나 후따리 코도모 히또리데스

> '세 명'은 さんにん(三人, 산닝), '네 명'은 よにん(四人, 요닝)이라고 해요.

TIP 알고 가면 더 재밌는 일본 상식 ▶ 복을 부르는 고양이 '마네키네코'

마네키네코(招き猫)는 일본의 전통적인 고양이 장식물로, 앞발을 들어 사람을 부르는 모양을 하고 있어요. 길조의 상징으로, 주로 상점이나 가정에서 번창을 기원하기 위해 사용돼요. 오른쪽 앞발을 들고 있으면 돈을 부르고, 왼쪽 앞발을 들고 있으면 손님을 부른다고 합니다. 마네키네코는 색상에 따라 의미가 다르며, 흰색은 복을, 검정색은 안전을, 금색은 재물을 상징해요.

Unit 094 할인 혜택 알아보기

학생이거나 고령자라면 입장권을 할인받을 수도 있으니 놓치지 마세요. 이때 필요한 문장을 알아볼게요.

핵심 표현 익히기

🎧 MP3 094-1

학생 할인이 있나요?
学生 割引は ありますか。
(がくせい わりびき)

각세- 와리비끼와 아리마스까

대화로 익히기

유리

학생 할인이 있나요?
学生 割引は ありますか。
(がくせい わりびき)
각세- 와리비끼와 아리마스까

● 단어를 바꿔서 연습해 보세요.
学生 料金(がくせい りょうきん) 각세- 료-낑 학생 요금
団体 割引(だんたい わりびき) 단따이 와리비끼 단체 할인

네, 있어요. 학생증을 보여 주세요.
はい、あります。学生証を 見せて ください。
(がくせいしょう み)
하이 아리마스 각세-쇼-오 미세떼 쿠다사이

매표소 직원

단어 割引(わりびき) 할인 学生証(がくせいしょう) 학생증

응용 표현 익히기 🎧 MP3 094-2

1 외국 학생증도 괜찮나요?
外国の 学生証でも 大丈夫ですか。
가이꼬꾸노 각세-쇼-데모 다이죠-부데스까

外国の 学生証でも 大丈夫ですか。　　　▶ 문장을 쓰면서 익혀요.

2 대학생도 할인 대상인가요?
大学生も 割引 対象ですか。
다이각세-모 와리비끼 타이쇼-데스까

> '대학원생'은 だいがくいんせい(大学院生, 다이가꾸인세-)라고 해요.

3 경로 할인이 있나요?
高齢者 割引は ありますか。
코-레-샤 와리비끼와 아리마스까

> 시니어(シニア, 시니아)라고도 해요.

4 몇 세부터 할인이 적용되나요?
何歳から 割引が 適用されますか。
난사이까라 와리비끼가 테끼요-사레마스까

TIP 알고 가면 더 재밌는 일본 상식 ▶ 행운의 부적 '오마모리'

오마모리(お守り)는 일본의 전통 부적으로, 신도와 불교의 영향을 받아 행운과 안전을 기원하는 의미가 있어요. 일반적으로 비단 주머니에 기도문이 적힌 종이가 들어 있으며, 신사나 사찰에서 판매해요. 오마모리는 질병, 사고로부터의 보호와 학업, 사업의 성공을 기원하는 역할을 하며, 현대에도 일본 문화의 중요한 요소로 자리 잡고 있어요.

Unit 095 운영 시간 알아보기

시설의 운영 시간이나 휴관일에 대해 알아보고 싶을 때 필요한 문장을 알아볼게요.

핵심 표현 익히기

MP3 095-1

영업 시간은 몇 시부터인가요?
営業時間は 何時からですか。
에-교-지깡와 난지까라데스까

대화로 익히기

유리: 영업 시간은 몇 시부터인가요?
営業時間は 何時からですか。
에-교-지깡와 난지까라데스까

매표소 직원: 아침 9시부터입니다.
朝 9時からです。
아사 쿠지까라데스

● 단어를 바꿔서 연습해 보세요.
ネット予約(ネットよやく) 넷또요야꾸 인터넷 예약
開館時間(かいかんじかん) 카이깐지깡 개관 시간

단어 営業時間(えいぎょうじかん) 영업 시간 何時(なんじ) 몇 시

응용 표현 익히기

1 폐관 시간은 몇 시인가요?

閉館時間は 何時ですか。
へいかん じ かん　　なん じ

헤-깐지깡와 난지데스까

閉館時間は 何時ですか。　　　　　　　　　　　▶ 문장을 쓰면서 익혀요.

2 마지막 입장은 몇 시까지인가요?

最終入場は 何時までですか。
さいしゅうにゅうじょう　　なん じ

사이슈-뉴-죠-와 난지마데데스까

3 휴관일은 언제인가요?

休館日は いつですか。
きゅうかん び

큐-깜비와 이쯔데스까

4 야간 영업이 있나요?

夜間営業は ありますか。
や かんえいぎょう

야깡에-교-와 아리마스까

> '야간 개관'은 やかんかいかん(夜間開館, 야깡까이깡)이라고 해요.

TIP 알고 가면 더 재밌는 일본 상식 ▶ 소원을 적는 나무판 '에마'

에마(絵馬)는 일본의 신사나 절에서 소원을 비는 나무판으로, 전통적으로 말의 그림이 그려져 있어서 '그림 말'이라는 뜻으로 '에마(絵馬)'라고 부릅니다. 고대에는 신에게 실제 말을 봉납했으나, 그 부담을 덜기 위해 그림으로 대체하게 되었다고 해요. 에마에 자신의 소원을 적은 뒤 신사에 걸어 두면 돼요.

Unit 096 투어 관련 문의

현지에서 진행하는 다양한 투어 프로그램에 참가하면 현지의 색다른 면모를 볼 수 있을 거예요. 투어에 대해서 문의할 때 사용하는 문장을 알아볼게요.

핵심 표현 익히기

🎧 MP3 096-1

몇 시간 정도 걸리나요?
何時間ぐらい かかりますか。
난지깡구라이 카까리마스까

대화로 익히기

유리

투어는 몇 시간 정도 걸리나요?
ツアーは 何時間ぐらい かかりますか。
쯔아-와 난지깡구라이 카까리마스까

3시간 정도 걸립니다.
3時間ぐらい かかります。
산지깡구라이 카까리마스

매표소 직원

● 단어를 바꿔서 연습해 보세요.
観光(かんこう) 캉꼬- 관광

단어 何時間(なんじかん) 몇 시간　ツアー 투어

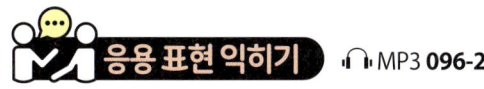 **응용 표현 익히기** 🎧 MP3 096-2

① 추천하는 관광 코스가 있나요?

お勧めの 観光コースが ありますか。
すす　　　　かんこう

오스스메노 캉꼬-코-스가 아리마스까

お勧めの 観光コースが ありますか。　　▶ 문장을 쓰면서 익혀요.

② 시티 투어는 어떠세요?

シティーツアーは どうですか。

시띠-쯔아-와 도-데스까

③ 한국어로 된 설명도 있어요?

韓国語の 説明も ありますか。
かんこく ご　　せつめい

캉꼬꾸고노 세쯔메-모 아리마스까

④ 한국어 팸플릿 있나요?

韓国語の パンフレットは ありますか。
かんこく ご

캉꼬꾸고노 팡후렛또와 아리마스까

> '영어'는 えいご(英語, 에-고)라고 해요.

 **TIP** 알고 가면 더 재밌는 일본 상식 ▶ 일본의 결혼식 문화

일본의 결혼식 문화는 현대와 전통이 혼합된 형태로 진행돼요. 일반적으로 결혼식은 교회, 결혼식장, 호텔에서 하며, 전통적인 신전식을 올리기도 해요. 본식과 피로연으로 나뉘며, 본식 후에는 친목을 위한 편안한 분위기의 피로연이 이어져요. 축의금은 홀수 금액(예: 3만 엔, 5만 엔)으로 주는 것이 일반적인데, 이는 신혼부부에게 잘 살라는 의미를 담고 있어요. 신랑 신부는 여러 번 의상을 갈아입고, 하객들은 정장이나 기모노를 입는 것이 예의예요. 식사는 보통 코스 요리로 제공돼요.

Unit 097 촬영 허가 구하기

여행지에서의 추억을 사진이나 동영상으로 남기는 분들 많으시죠. 하지만 여기에서 사진이나 동영상을 찍어도 될지 망설여진다면 이렇게 물어보세요.

핵심 표현 익히기

🎧 MP3 097-1

사진 찍어도 되나요?
写真を 撮っても いいですか。
샤싱오 톳떼모 이-데스까

대화로 익히기

유리

여기에서 사진 찍어도 되나요?
ここで 写真を 撮っても いいですか。
코꼬데 샤싱오 톳떼모 이-데스까

네, 괜찮아요.
はい、いいですよ。
하이 이-데스요

직원

● 단어를 바꿔서 연습해 보세요.
動画(どうが) 도-가 동영상

단어 写真(しゃしん) 사진   撮る(とる) (사진을) 찍다

응용 표현 익히기 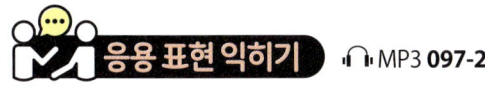 MP3 097-2

1 플래시 사용해도 되나요?

フラッシュを つけても いいですか。

후랏슈오 츠께떼모 이-데스까

フラッシュを つけても いいですか。 ▶ 문장을 쓰면서 익혀요.

2 플래시는 안 돼요.

フラッシュは だめです。

후랏슈와 다메데스

3 동영상 촬영을 해도 되나요?

動画を 撮影しても いいですか。
どうが　さつえい

도-가오 사쯔에-시떼모 이-데스까

4 이곳은 촬영 금지예요.

ここは 撮影 禁止です。
さつえい　きんし

코꼬와 사쯔에- 킨시데스

> 식당에서도 다른 손님이나 종업원 얼굴이 나오게 촬영하는 것은 금지하는 경우가 있어요.

 TIP 알고 가면 더 재밌는 일본 상식 ▶ 일본의 풍속화 '우키요에'

우키요에(浮世絵)는 에도 시대(17세기~20세기 초)에 유행한 목판화 예술로, '떠다니는 세상의 그림'이라는 의미를 갖고 있어요. 주로 서민의 일상생활, 미인화, 가부키 배우, 풍경 등을 소재로 하며, 대담한 구도와 화려한 색채가 특징인데요, 우키요에는 대량 생산이 가능하여 대중문화로 자리 잡았고, 19세기에는 유럽에 소개되어 인상파 화가들에게 큰 영향을 미치기도 했어요.

Unit 098 사진 부탁하기

여행지에서의 만난 사람에게 사진을 찍어 달라고 부탁하거나, 또는 기념으로 함께 찍고 싶을 때는 이렇게 말하세요.

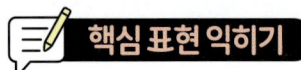 핵심 표현 익히기

🎧 MP3 098-1

사진 좀 찍어 주실 수 있나요?
写真を 撮って いただけませんか。
샤싱오 톳떼 이따다께마셍까

 대화로 익히기

유리

실례지만, 사진 좀 찍어 주실 수 있나요?
すみませんが、写真を 撮って いただけませんか。
스미마셍가 샤싱오 톳떼 이따다께마셍까

네, 찍어 드릴게요.
はい、いいですよ。
하이 이-데스요

현지인

단어 写真(しゃしん) 사진 撮る(とる) (사진을) 찍다 すみませんが 죄송하지만, 실례지만

 응용 표현 익히기 🎧MP3 098-2

1 여기를 눌러 주세요.

ここを 押して ください。
코꼬오 오시떼 쿠다사이

ここを 押して ください。　　　▶ 문장을 쓰면서 익혀요.

2 스카이트리를 배경으로 찍고 싶은데요.

スカイツリーを 背景に 撮りたいんですけど。
스까이쯔리-오 하이께-니 토리따인데스께도

---

3 한 장 더 부탁드려요.

もう 一枚 お願いします。
모- 이찌마이 오네가이시마스

---

4 함께 사진 찍어 주시지 않겠어요?

一緒に 写真を 撮って いただけませんか。
잇쇼니 샤싱오 톳떼 이따다께마셍까

 TIP **알고 가면 더 재밌는 일본 상식 ▶ 단고**

일본의 단고(だんご)는 쌀가루로 만든 전통적인 경단으로, 다양한 맛과 형태가 있어요. 삶거나 쪄서 만든 동그란 모양이며, 주로 간장, 팥소, 콩가루 등으로 맛을 내고, 벚꽃놀이와 같은 축제에서 특히 인기입니다. 색깔이 다른 세 가지 경단으로 구성된 '하나미 단고'가 유명해요. 단고는 일본의 대표적인 간식으로, 그 쫄깃한 식감과 달콤한 맛이 특징이에요. 편의점에 있는 단고도 맛있으니 일본에 가신다면 꼭 맛보세요.

Unit 099 물건을 분실했을 때

사람이 많은 관광지를 다니다 보면 물건을 잃어버리거나 아이와 헤어지는 경우가 생기는데요, 당황하지 말고 안내 데스크로 가서 신고하고 절차를 안내받으세요.

핵심 표현 익히기

🎧 MP3 099-1

여권을 잃어버렸어요.

パスポートを なくして しまいました。

파스뽀-또오 나꾸시떼 시마이마시따

대화로 익히기

유리

여권을 잃어버렸어요.
パスポートを なくして しまいました。
파스뽀-또오 나꾸시떼 시마이마시따

이 유실물 신고서를 작성해 주세요.
この 遺失届を 書いて ください。
코노 이시쯔토도께오 카이떼 쿠다사이

직원

• 단어를 바꿔서 연습해 보세요.
財布(さいふ) 사이후 지갑

단어 パスポート 여권 なくす 잃어버리다 遺失届(いしつとどけ) 유실물 신고서

250

응용 표현 익히기 🎧 MP3 099-2

1 방에 있던 지갑이 없어졌어요.

部屋に あった 財布が なくなりました。

헤야니 앗따 사이후가 나꾸나리마시따

部屋に あった 財布が なくなりました。　　▶ 문장을 쓰면서 익혀요.

2 언제, 어디에서 도난당했나요?

いつ、どこで 盗まれましたか。

이쯔 도꼬데 누스마레마시따까

3 아이를 잃어버렸어요.

子供が 迷子に なりました。

코도모가 마이고니 나리마시따

4 먼저 경찰에 신고하는 게 좋아요.

まずは 警察に 届けた ほうが いいですよ。

마즈와 케-사쯔니 토도께따 호-가 이-데스요

TIP 알고 가면 더 재밌는 일본 상식 ▶ 일본의 유명 건축인

안도 다다오(Tadao Ando) 일본에서 가장 유명한 건축가 중 한 명으로, 그의 작품은 간결함과 자연과의 조화를 강조하고 일본의 미적 개념인 '와비사비'를 반영한 특징이 있어요. 1995년 프리츠커 건축상을 수상했으며, 대표작으로는 '빛의 교회', '물의 사원', '효고현립 미술관' 등이 있어요.

단게 겐조(Kenzo Tange) 일본 현대 건축의 선구자로, 1987년에 프리츠커 건축상을 수상한 첫 번째 일본인이에요. 그는 전통 일본 건축과 현대적 요소를 결합한 독창적인 스타일로 유명해요. 대표작으로는 '히로시마 평화 기념 공원 및 평화 기념 자료관'과 '도쿄 도청사' 등이 있어요.

Unit 100 갑자기 몸이 아플 때

관광지에서 갑자기 몸이 안 좋아지면 의료 지원실을 찾아야 하는데요, 이때 본인의 지병이나 복용하고 있는 약이 있다면 정확하게 전달하는 것이 좋아요.

핵심 표현 익히기

🎧 MP3 100-1

몸 상태가 이상해요.
体の 調子が おかしいです。
카라다노 쵸-시가 오까시-데스

대화로 익히기

유리

몸 상태가 이상해요.
体の 調子が おかしいです。
카라다노 쵸-시가 오까시-데스

● 단어를 바꿔서 연습해 보세요.
悪い(わるい) 와루이 나쁘다, 안 좋다
よくない 요꾸나이 좋지 않다

의료 지원실로 안내해 드릴게요.
救護室まで ご案内します。
큐-고시쯔마데 고안나이시마스

직원

단어 体(からだ) 몸 調子(ちょうし) 상태, 컨디션 救護室(きゅうごしつ) 의료 지원실

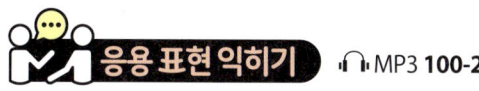 **응용 표현 익히기** 🎧 MP3 100-2

1 머리가 아파요.
頭が 痛いです。
아따마가 이따이데스

'배'는 おなか(오나까)라고 해요.

頭が 痛いです。　　　　　　　　　▶ 문장을 쓰면서 익혀요.

2 저는 천식입니다.
私は 喘息です。
와따시와 젠소꾸데스

3 고혈압 약을 먹고 있어요.
高血圧の 薬を 飲んで います。
코-께쯔아쯔노 쿠스리오 논데 이마스

4 손가락을 다쳤어요.
指を 怪我しました。
유비오 케가시마시따

'골절'은 こっせつ(骨折, 콧세쯔)라고 해요.

 TIP 알고 가면 더 재밌는 일본 상식 ▶ **일본의 유명 건축물**

❶ 도쿄 스카이트리　　　　❻ 효고현립 미술관
❷ 도쿄 도청사　　　　　　❼ 하라주쿠 프로테스탄트 교회
❸ 나카긴 캡슐 타워　　　　❽ 도쿄 성 마리아 대성당
❹ 가나자와 21세기 미술관　❾ 아사히 그룹 오야마자키 산장 미술관
❺ 프라다 스토어　　　　　❿ 써니힐스 미나미아오야마

Chapter 6 관광지 필수 단어

	한국어	漢字	ひらがな		
①	거리	通り [토-리] とお	とおり		
②	도둑	泥棒 [도로보-] どろぼう	どろぼう		
③	사진	写真 [샤싱] しゃしん	しゃしん		
④	경치	景色 [케시끼] けしき	けしき		
⑤	관광	観光 [캉꼬-] かんこう	かんこう		
⑥	기념 선물	お土産 [오미야게] みやげ	おみやげ		
⑦	당일치기	日帰り [히가에리] ひがえ	ひがえり		
⑧	미술관	美術館 [비쥬쯔깡] びじゅつかん	びじゅつかん		
⑨	박물관	博物館 [하꾸부쯔깡] はくぶつかん	はくぶつかん		
⑩	유원지	遊園地 [유-엔찌] ゆうえんち	ゆうえんち		

*단어를 쓰면서 익혀요.

⑪ 서류	しょるい **書類** [쇼루이]	しょるい		
⑫ 온천	おんせん **温泉** [온셍]	おんせん		
⑬ 시장	いちば **市場** [이찌바]	いちば		
⑭ 입구	いぐち **入り口** [이리구찌]	いりぐち		
⑮ 의사	いしゃ **医者** [이샤]	いしゃ		
⑯ 외국인	がいこくじん **外国人** [가이꼬꾸징]	がいこくじん		
⑰ 버튼	**ボタン** [보땅]	ボタン		
⑱ 충전	じゅうでん **充電** [쥬-뎅]	じゅうでん		
⑲ 통역	つうやく **通訳** [츠-야꾸]	つうやく		
⑳ 학생 할인	がくわり **学割** [가꾸와리]	がくわり		

255

부록

골프, 테니스, 스키처럼 스포츠를 함께 즐기는 일본 여행이 인기입니다.
현장에서 바로 쓸 수 있는 종목별 일본어 표현 10문장을 부록에 담았습니다.
이제 스포츠도 일본어로 자신 있게 즐겨 보세요.

부록 1 골프 일본어 10문장

🎧 MP3 101-1

① 시작 시간 확인
スタート 時間は 何時ですか。
스따-또 지깡와 난지데스까
스타트 시간이 몇 시인가요?

② 캐디 서비스 요청
キャディーを お願いできますか。
캬디-오 오네가이데끼마스까
캐디를 요청할 수 있을까요?

③ 카트 요금 확인
カートの 使用料は いくらですか。
카-또노 시요-료-와 이꾸라데스까
카트 사용 요금은 얼마인가요?

④ 연습장 찾기
練習場は どこですか。
렌슈-죠-와 도꼬데스까
연습장은 어디인가요?

⑤ 칭찬할 때
いい ショットでしたね。
이- 숏또데시따네
좋은 샷이었어요.

⑥ 공 찾기
ボールを 探して もらえますか。
보-루오 사가시떼 모라에마스까
공을 찾아줄 수 있나요?

⑦ 순서를 양보할 때
お先に どうぞ。
오사끼니 도-조
먼저 하세요.

⑧ 거리 확인
距離が どのぐらい 残って いますか。
쿄리가 도노구라이 노꼿떼 이마스까
남은 거리가 얼마나 되나요?

⑨ 그린의 난이도
グリーンが 難しいです。
그리-ㄴ가 무즈까시-데스
그린이 어렵네요.

⑩ 라운딩 후의 인사
お疲れ様でした。楽しかったです。
오쯔까레사마데시따 타노시깟따데스
수고하셨습니다. 즐거웠어요.

258

부록 2 테니스 일본어 10문장

🎧 MP3 101-2

① 게임 권유

テニスを しましょう。

테니스오 시마쇼-

테니스를 칩시다.

② 서브 요청

サーブを 打って ください。

사-부오 웃떼 쿠다사이

서브를 쳐 주세요.

③ 공을 주워 달라고 할 때

ボールを 拾って ください。

보-루오 히롯떼 쿠다사이

공을 주워 주세요.

④ 추가 게임 권유

もう 一度 やりましょう。

모- 이찌도 야리마쇼-

한 번 더 해 봅시다.

⑤ 상대를 칭찬할 때

いい ショットです！

이- 숏또데스

좋은 샷입니다!

⑥ 공이 네트에 걸렸을 때

ネットに かかりました。

넷또니 카까리마시따

네트에 걸렸습니다.

⑦ 아웃되었을 때

アウトです！

아우또데스

아웃입니다!

⑧ 다음 점수를 시작할 때

次の ポイントです。

츠기노 포인또데스

다음 포인트입니다.

⑨ 라켓을 빌릴 때

ラケットを 貸して ください。

라껫또오 카시떼 쿠다사이

라켓을 빌려주세요.

⑩ 게임이 끝난 후

楽しかったです！

타노시깟따데스

재미있었습니다!

부록 3 스키 일본어 10문장 🎧 MP3 101-3

❶ 장비 대여소 찾기
スキー用具は どこで 借りられますか。
스키-요-구와 도꼬데 카리라레마스까
스키 장비는 어디에서 빌리나요?

❷ 리프트 위치 찾기
リフトは どこですか。
리후또와 도꼬데스까
리프트는 어디에 있나요?

❸ 코스 문의
この コースは 初心者向けですか。
코노 코-스와 쇼신샤무께데스까
이 코스는 초보자에게 적합한가요?

❹ 슬로프 문의
スロープは どのぐらい 長いですか。
스로-뿌와 도노구라이 나가이데스까
슬로프는 얼마나 긴가요?

❺ 원하는 장비 요청
スノーボードを したいです。
스노-보-도오 시따이데스
스노보드를 타고 싶어요.

❻ 발 사이즈 묻기
足の サイズは いくつですか。
아시노 사이즈와 이꾸쯔데스까
발 사이즈는 어떻게 되나요?

❼ 리프트 이용권 구매
リフト 1日券を いただけますか。
리후또 이찌니찌껭오 이따다께마스까
리프트 1일권 주시겠어요?

❽ 안전 주의
怪我しないように 気を つけて ください!
케가시나이요-니 키오 쯔께떼 쿠다사이
다치지 않도록 조심하세요!

❾ 사고 알림1
事故が ありました!
지꼬가 아리마시따
사고가 났어요!

❿ 사고 알림2
強風で スキーリフトが 止まりました。
쿄-후-데 스끼-리후또가 토마리마시따
강풍으로 스키 리프트가 멈췄어요.